愿逐月华流照君

黄诗娴 张兴祥 主编

厦门大学王亚南经济研究院建院十周年纪念文集

厦门大学出版社 国家一级出版社
XIAMEN UNIVERSITY PRESS 全国百佳图书出版单位

序　言

● 洪永淼

　　今年，我们迎来了厦门大学王亚南经济研究院（英文名称为 Wang Yanan Institute for Studies in Economics，简称 WISE）建院十周年，经过一段时间的征集采编，这本纪念文集终于付梓出版，跟大家见面了。触摸着这些鲜活的文字，我的脑海里一下子涌现出许许多多生动的画面，因为感同身受，我的内心充盈着同样的感动。这十年，WISE 人怀揣着同一个梦想，肩负着同一种使命，一路栉风沐雨，砥砺前行。"回首向来萧瑟处"，在我心里更多的是喜悦，是欣慰，是对信念的坚持，更有对未来的憧憬。

　　当我翻动岁月的记忆，时光仿佛倒流到了 2004 年初秋的那个深夜，我和朱崇实校长在北京世纪金源大酒店进行了一次长达 3 个多小时的畅谈，正是那次长谈，彻底改变了我之后的学术和人生轨迹。当时我作为 28 位海外学者之一，还在清华大学经济管理学院担任特聘教授，但朱校长希望我能回厦大，帮助母校创建 WISE，并承诺在政策和资源上给予最大的支持。说实话，当时我还很犹豫。不过，朱校长求贤若渴的精神让我深深感动，最终，我接受了他的邀请。

　　过去的十年，既是中国经济"走出去"的十年，也是中国经济学国际化的十年，WISE 正是在这样的背景下成立并成长起来的。十年前，WISE 确立的奋斗目标是：打造一支精干的、具有国际学术影响力的经济学学术团队；积极在经济学国际主流学术期刊上发表学术论文，扩大厦大经济学科在国际上的学术影响力；培养具有国际视野、能够参与国际竞争与合作的经济学高级专门人才；成为国家和地方政府的"思想库"与"智囊团"，为国家和地方社会经济建设建言献策。如今十年过去了，WISE 一直沿着上述目标不断耕耘，不断收获，不断前进。

　　文集里的各位作者或受访者用动人的故事或感触记录下他们与 WISE 的结缘与交集，由于角度不同，叙述的东西有时大异其趣。作为 WISE 的创建者、参与者和亲历者之一，我也想借此机会，对 WISE 十年来的发展历程及取得的建设成果作一个简要的回顾，以下条陈分述：

一是确立了高标准办学理念及国际化办学思路。通观古今中外的创业者，如果目标不大，路向不明，最终成功的能有几个？所以，WISE 一开始就在战略制高点上运筹帷幄，勾画自己的理想蓝图。理念是一个人和一个组织必备的灵魂，有什么样的理念，就会有什么样的作为。WISE 一开始便树立了"不求最大，但求最好"的理念，这一理念与厦门大学"四种精神"之一，即以王亚南校长、陈景润教授为代表的科学精神是相通的，勇攀科学高峰，就是力求卓越，止于至善。我们想通过这一理念的传播和实践，努力开拓进取，把厦大经济学科带到一个应有的高度。这十年来，在厦大国际化办学战略的指引下，WISE 一直秉承这个理念，并将之有效地贯彻到办学思路和办学实践中，无论是目标制定、战略实施、组织架构设置、学术平台构建，还是师资队伍配备、人才培养体系创新、课程设置与教材规划、科研"产出"要求、学术交流与合作导向，甚至包括学术文化、组织文化建设等等，都强化与国际接轨，所有办事流程、规则均参照国际标准并认真加以贯彻推行。如果说这十年办学有什么值得记取的话，那么我个人认为对理念的坚持是 WISE 得以茁壮成长的动力之源。

二是建立了一支初具规模、具有一定竞争实力的国际化师资队伍。国际化办学，最关键的是国际化师资力量。过去十年，WISE 共招聘了 50 多名海归博士，同时也招聘了数位国内高校毕业的优秀博士。海归博士在美、欧等世界名校受过系统、严格的经济学、金融学或统计学训练，因为受 WISE 梦想的感召，毅然回国服务。他们当中，有的是因为参加 2005 年 WISE 举办的"首届计量经济学国际培训班"而与 WISE 结缘的。他们具有全英文教学能力和在国际主流学术期刊上发表论文的研究实力，他们的加盟在很大程度上促进了 WISE 办学目标的实现，为厦门大学经济学科的国际化与现代化奠定了坚实的基础。

三是致力于在全球经济学、金融学与统计学主流英文学术期刊上发表学术论文，扩大了厦大经济学科的国际影响。十年来，WISE 教师以厦大为学术单位署名，共发表 SSCI 论文 126 篇，SCI 论文 86 篇（含双收录 47 篇），而且发表的数量逐年增加。2005-2014 年，以 SSCI 论文数量计算，WISE 和经济学院加在一起，对厦大的贡献率是 41% 左右。根据荷兰蒂尔堡大学的一项研究排名，2005-2009 年期间厦门大学在全球经济学主流期刊上发表论文的数量在中国大陆名列第三，在亚洲与台湾大学并列第二十名；2012 年在国际经济学主流期刊上发表论文的数量在中国大陆位居第四，在海峡两岸及香港位居第六，在亚洲位居第十六（与香港中文大学并列）。厦大在国际经济学主流特别是顶尖学术期刊上发表的论文，主要贡献来自 WISE 的教师。

除国际主流学术期刊外，WISE 的教师也积极在国内经济学顶尖学术期刊上发表论文，十年来在 CSSCI 学术期刊上共发表了 125 篇论文，其中在《经济研究》、《经济学》（季刊）、《管理世界》上发表了 18 篇。以厦大经济学科规定的二级学科国内顶尖期刊和国外SSCI论文算，WISE现在每年发表文章的数量与经济学院大致相当，而WISE的教师人数大概只有经济学院的1/4。这样的学术研究生产力是令人印象深刻的。值得一提的是，WISE的教师在国内学术期刊上发表的论文均是研究中国经济中的实际问题的，在国外学术期刊上发表的论文，除方法论文章外，大部分也是研究中国经济问题的。实践证明，海归学者对提高中国经济研究水平、扩大中国经济学的国际学术影响力，起到了非常重要的作用。

四是培养了一大批多学科、各层次的经济、金融、统计学专业人才。由于海归师资团队的加盟，WISE实行全英文授课、采用英文原版教材。十年来，WISE共培养了36名博士毕业生，其中大部分在国内重点高校任教，包括北京大学、中国科学院大学、复旦大学、武汉大学、山东大学、湖南大学、华东师范大学、对外经济贸易大学、西南财经大学、东北财经大学等，也有一小部分到世界银行和国外高校从事博士后研究。WISE博士生的培养质量，得到了国内经济学界的普遍认可。此外，WISE共培养了268名硕士毕业生，其中近20%出国深造或在国内主要高校读博，余者则在中国主要金融机构任职。从2011年起，WISE和经济学院联手，开办了一个全英语教学的经济学专业本科国际化试点班，首届毕业生36名将于2015年6月毕业。这一届毕业生已拿到密歇根大学、杜克大学、乔治华盛顿大学、波士顿大学、伦敦政治经济学院、澳洲国立大学、京都大学、新加坡国立大学、南洋理工大学、香港大学、香港科技大学等国外及香港地区知名大学的录取通知书，或被北京大学、复旦大学等国内名校录取。从2015年起，WISE又将与经济学院携手开办全英文教学的金融学专业本科国际化试点班和全英文教学的统计学专业（数理统计方向，授予理学学士学位）本科国际化试点班。这些全英文教学的国际化试点班，将大大推进厦大经济学科的本科教学水平，特别是国际化水平，也为对外双向交流创造条件。

自2008年以来，WISE陆续开办了全英文教学的本科双学位专业（数理经济学、数理金融学、数理统计学三个专业），已毕业学生共643名，其中约有25%出国深造，45%保送至国内高校攻读硕士研究生，另有5%毕业后从事与经济学相关的工作。

WISE还充分利用自身丰富的国际教育资源，开办了硕士专业留学课程预备班，迄今已送出948名学生，这些学生大多顺利获得国外著名大学的硕士学位，其中大部分回国从事金融行业的工作，还有部分留在国外金融机构工作或继续攻读博士学位。

WISE不仅强调学生的专业素养训练，也注重学生的品德修为教育。主要体现为：一是要求WISE学生恪守学术道德，遵守学术规范；二是坚决杜绝毕业生在求职过程中出现更改学习成绩单和"违约"（即在与一家用人单位签署合同后，又继续寻找其他工作，找到更为满意的新单位后马上与先前已签署了就业协议的用人单位解除合约）现象，规范学生的诚信行为，维护 WISE 在人才市场和社会上的声誉。

五是成为了厦大和中国乃至亚太地区一个比较活跃的经济学国际交流中心，成为了厦大经济学科的一个国际化窗口。十年来，WISE 共举办了 800 余场学术讲座、50 余场国际会议和国际研讨会，共邀请了 1500 余名境外学者来厦大交流研讨。WISE 还培养了 2 名国际博士毕业生，97 名国际硕士毕业生（其中 54 名为与经济学院联合培养），13 名台港澳博士毕业生。目前，WISE 有在读国际博士生 5 人、国际硕士生 70 人、台港澳博士生 51 人。另外，WISE 还接收了 81 名国际学生到 WISE 交流学习，并与北美、欧洲、澳洲和亚洲的 11 所境外大学签署了交流合作协定。

六是担当了厦大改革创新的排头兵。WISE 成立后，积极探索出一套既与国际接轨同时又符合中国实际，而且行之有效的运行机制与管理模式。例如，实行 "Tenure track"（终身职）聘任制度，解决了中国高校普遍存在的 "只进不出" 的人事制度，确保师资队伍的质量；在学生培养上倡导流程管理模式，实行导师组模式，由多位导师共同指导研究生论文写作，确保学生的培养质量；采用全英文教学和使用英文原版材料，为双向国际交流尤其是学生交流创造了条件；率先在厦大实行行政技术人员 "同工同酬" 聘任制度，激发了广大行政技术人员的主人翁意识和工作积极性。

七是积极推动与厦大经济学院的融合与共同发展。WISE 建院初期，主要通过 "鲶鱼效应"，营造竞争环境与氛围，激发经济学院的改革意识。随后，WISE 与经济学院不断融合，共同享用各种学术资源，发挥 "1+1>2" 的叠加效应。例如，不少经济学院教师应邀到 WISE 教学，既锻炼了英语教学能力，也提高了个人收入。WISE 的海归教师也到经济学院全英文讲授研究生核心基础课程，提高了经济学院的教学质量。现在，两院的融合正在加速推进，这种 "体制外（WISE）" 与 "体制内（经济学院）" 的相互融合、共同发展，是厦大经济学科改革、发展与国际化的一个显著特点，在中国经济学教育转型过程中具有一定的借鉴意义。

八是树立了学术品牌。十年来 WISE 每次举办的国际学术会议，都吸引了不少其他高校的中青年学者参加。特别是自 2005 年以来，WISE 开办每年一度的计量经济学暑期学校，免费向全国青年教师和研究生开放，邀请国际知名的计量经济学家前来讲授计量经济学领域的前沿研究动态，每年约有 200 名来自全国各地乃至国外高校的青年教师和研究生参加。暑期学校已成为 WISE 一个亮丽的学术品牌。2009 年，WISE 荣获首个文理交叉的教育部计量经济学重点实验室。

九是注意传统学科的历史传承与新兴学科的有机结合。针对之前厦大经济学科定量分析缺乏、研究质量有待提高的实际情况，十年来，WISE着重发展计量经济学、实验经济学、数理统计学等方法论学科。除创建新学科外，WISE还注意对传统学科的研究范式、研究方法加以改进创新，例如，积极引进海归学者，将计量经济实证研究方法应用于经济史和制度经济学领域的研究。

十是创建了一种新的学术文化。这主要体现在两个维度上，一是学术方面，二是组织方面。在学术管理上，WISE的整体运行和操作严格以学术为标准，力求做到公开、公平和公正。这在很大程度上堵住了"走后门"等国内比较常见的"潜规则"现象。WISE从一开始就坚持不留自己培养的博士毕业生在WISE或经济学院任教，从源头上避免学术"近亲繁殖"现象以及由此带来的各种干扰。经过十年的积淀，新的学术文化已在WISE扎根，并蔚成风气。

在组织运行上，WISE也力倡一种文化，以快速、高效、精确为绩效目标。尤其值得一提的是，WISE培养了一支"特别能战斗"的行政技术队伍，创建了一套人性化、友好型的行政技术后勤管理服务系统，为WISE师生和其他相关人员提供细致入微的服务。文集中行政技术人员叙述的他们在WISE的经历、感受和怀想，可以说是现身说法，相信大家读后会对他们乐观进取、团结协作、忘我工作、快速高效的精神风貌和能力素质印象深刻。WISE的组织文化，或者说精神特质，已深深烙印在每一位WISE人身上。

今天WISE所取得的成绩，最根本的原因是WISE集结了一批志同道合的教职员工，全院上下凝心聚力、共同奋斗，她在学界树立起的品牌形象和学术声誉，是集体智慧的结晶。十年来，WISE不少教职员工艰苦奋斗、无私奉献，经常是一周7天、一天24小时连轴转，许多人甚至牺牲了个人的假期休息时间。WISE的快速发展，正是得益于广大教职员工的敬业精神、进取精神和奉献精神。这种精神也成为WISE内在生命力的重要部分，闪闪发亮，熠熠生辉。我衷心希望WISE凝聚的精神文化，能够继续发扬光大，不断感染影响一代代WISE人，在未来的发展道路上能够一棒一棒地传承下去。

WISE所取得的成绩，也是与一批热情洋溢、甘于奉献、不求酬报的国内外知名学者的大力支持分不开的。他们经常为WISE的学科发展出谋献策，为WISE的国际交流搭桥引路。2012年，美国麻省理工学院（MIT）的Jerry Hausman教授在飞行20多小时后，带病坚持为WISE暑期学校上课。更早之前，在2005年"首届WISE计量经济学暑期学校"上，他曾一天连续上课4.5小时（三个单元），这在他一生的教学生涯中是绝无仅有的，而且WISE支付给他的费用还不够他乘坐的商务舱的机票费。多年来，美国南加州大学的萧政教授每年到WISE授课一个月，他将上课所得的报酬，在厦大成立了以其父亲命名的"萧铮助学金"，用于支持厦大贫困家庭的本科生。美国波特兰州立大学的林光平教授，也曾用他的课酬为经济学院家境贫困的学生代缴学费。诺贝尔经济学奖得主、美国斯坦福大学的 Myron Scholes 教授也曾将他在厦大的演讲报酬全部捐赠给厦大设立专项奖学金，鼓励和资助厦大经济学科的莘莘学子努力学习，勇攀学术高峰。

WISE 所取得的成绩，是与经济学院广大师生的协同支持分不开的。WISE 成立时的启动经费，来自学校拨给经济学科的全部"985"二期经费。WISE 的办公场所，也是从经济学院原来的办公场所中划拨出来的。而经济学院日积月累发展起来的完备学科群，包括各个学科的博士点和硕士点，为 WISE 的学科发展奠定了一个坚实的基础，提供了一个较高的起点。2005 年 WISE 成立时已错过当年的硕士研究生录取时间，学校研究生院增拨了 30 个硕士生名额给经济学院，在后者的大力支持下，WISE 从当年考上经济学院各专业的硕士研究生中挑选出 31人，他们成为 WISE 的首届硕士生。十年来，特别是在 WISE 建院初期，不少经济学院的年轻教师到 WISE 上课，弥补了 WISE 早期师资力量的不足，从而保障了 WISE 在学生培养上的平稳与快速发展。

WISE 所取得的成绩，是与厦大历届党政领导班子、学校各机关部处和学院一大批党务行政工作者的大力支持分不开的。在探索和推行与国际接轨的运行机制时，WISE 不可避免地与现有体制、政策和规定存在不同程度的矛盾与冲突，正是厦大领导层对 WISE 各种政策上的坚定支持，才确保了 WISE 的新机制能够在较短时间内建立起来并顺利运行。

十年甘苦，凝于一瞬。在这样的时间节点上，当我们回望历史，不禁心潮起伏；当我们放眼未来，更觉时不我待。在下一个征程中，WISE 如何和经济学院一道，在国际化办学道路上拓展内涵，寻求"增量"的突破和"存量"的优化，打造一个统一的经济学科？如何在已有的基础上更上一层楼，提升自己的学术品位？如何克服自满心理，扫清前进道路上的障碍，让发展的步子迈得更沉稳、更迅速？我想，这些都是萦绕在我们心头、挥之不去的话题，值得我们努力思索。

最后我想说的是，这本 WISE 建院十周年纪念文集，既收录了 WISE 教职员工、学生、校友的文章，也有厦大兄弟学院和部处机关领导、国际知名学者的回忆或访谈，他们以自己的亲身经历，从不同角度回忆了在 WISE 求职、求学、工作、交流访问的情景或见证了对 WISE 发展历程的感受，这些短文与采访录汇集在一起，在相当程度上立体地勾画出了 WISE 十年来发展的轨迹和情景，值得关心 WISE 发展的同事们、同学们和朋友们一读。我相信，这本小册子也将成为 WISE 历史的一部分。

（序者为美国加州大学圣地亚哥校区经济学博士，现任美国康奈尔大学经济学与国际研究讲席教授、厦门大学"千人计划"国家特聘专家与"长江学者"讲座教授，厦门大学经济学院与王亚南经济研究院院长。）

目　录

第一部分

心路雨花

（教师篇）

◎陈国进

WISE 成长掠影

从 2006 年农历大年初一开始，我正式参与 WISE 的行政工作，转眼间已近 10 个春秋。我很高兴能有机会参与 WISE 发展中的一些重大事件，也见证了 WISE 的茁壮成长。在整个过程中，我学习到了很多，这要特别感谢各位同事给予的支持和帮助，包括那些因为各种原因已离开 WISE 另谋高就的同事们。虽然只有短短的 10 年，但 WISE 的许多平台和做法在我国高校经济学科中尚属首创，兹列举几项以说明之。

"计量经济学"全国研究生暑期学校

2006 年农历大年初一上午，我给时任研究生院综合办主任的李智勇老师打电话，开始着手"2006 年计量经济学全国研究生暑期学校"的筹备工作。其实早在 2005 年 WISE 就承办了首届"计量经济学"研究生国际暑期学校，但是 2006 年这次是经过教育部批准的全国研究生暑期学校。因为当时 WISE 的人手少，要接待国际"大牌"教授们，还要做好各项会务安排、联系来自全国的研究生等，从管理上说是一个不小的挑战。但经过上上下下的共同努力，我们圆满地举办了这次

第一部分　心路雨花（教师篇）

研究生暑期学校，并受到了教育部领导的点名表彰。这在 WISE 的行政人员张虹的回忆文章中有很精彩的描述，我这里就不再赘述了。我想补充的是，直到今天，在一些国内的学术会议上，还常常会有年轻的老师跟我打招呼，说自己参加了我们 2006 年举办的研究生暑期学校。当时那批青涩的研究生现在都已成长为我国高校中的青年才俊和骨干教师了。这 10 年来，WISE 坚持每年承办研究生暑期学校或者博士生论坛，业已成为 WISE 研究生培养的重要学术品牌和计量经济学研究生教育的辐射源。

"计量经济学"教育部重点实验室

学科交叉是当今学科发展的一个重要趋势，在这样的背景下，教育部科技司考虑设立文理交叉教育部重点实验室。在教育部科技司和厦门大学科技处的大力支持下，"计量经济学"教育部重点实验室（厦门大学）于 2009 年底获教育部批准立项，这是全国首个获批立项的文理交叉教育部重点实验室。这个重点实验室落户厦门大学，是对厦门大学计量经济学学科实力的充分信任。2010 年，部重室建设计划顺利通过专家论证会评审，2013 年顺利通过了教育部对实验室的建设项目和阶段性成果的验收评审。正是基于这样一个实验室平台，我们建立了实验经济学实验室和金融交易实验室（Trade floor）。实验室向国际国内学者全面开放，金融交易实验室除了用于学术研究之外，还将作为开展实验类课程教学的重要载体。

硕士留学准备课程项目

从成立之日开始，WISE 就非常重视国际学术交流。国际学术会议和学术研讨会、seminar 等构成 WISE 国际学术交流的重要形式。迄今为止，与 WISE 有实质性交流的国外院校遍布北美、欧洲、澳洲和亚洲。我想提及的是 WISE 硕士留学准备课程项目，该项目是针对有志于出国攻读金融学、经济学等硕士学位但又缺乏学科基础知识的本科生而设计的。经过留学准备课程项目培训的学生，已经成功申请往亚洲、北美、澳洲和欧洲的名校继续深造，这些学生已经成为 WISE 重要的学术资源。

这一模式已经被国内其他高校和学院所复制，但是并不是每所学校或者学院采用这种模式都能获得成功。

IRTG 项目

IRTG（International Research Training Group）项目为德国洪堡大学应用统计与经济学研究中心（CASE）和厦门大学 WISE 联合申请的国际博士生培养与科研合作项目，得到德国国家自然科学基金委的资助。该项目通过联合招收并培养经济学和统计学方面的博士生，大大加强了厦门大学与以德国洪堡大学为代表的欧洲著名高校之间的交流与合作。WISE 和 CASE 之间已经互派博士生到对方学习。2012 年 9 月，我和方颖、陈海强、李迎星、王起等几位教授一起赴德国洪堡大学参加 IRTG 项目的答辩，深切感受到德国人做事的严谨细致。

"111" 引智工程

2012 年 10 月，由厦门大学王亚南经济研究院联合经济学院申报的"计量经济理论与应用创新引智基地"获批立项，该项目由教育部和国家外国专家局联合立项，我们的项目成为当年立项的 45 个项目中唯一一个非理工科的引智基地。该项目用于资助邀请国际著名学者到王亚南经济研究院和经济学院短期讲学和合作研究方面的支出。

记得当时跟洪老师到北京答辩，答辩前一天晚上修改 PPT 到深夜 2 点，答辩当天早上 6 点到附近的北京语言大学打印 PPT 材料交给答辩专家，而第一次遇到答辩专家几乎全是校长加院士的组合，真的是一次很值得回味的经历。

10 年弹指一挥间，WISE 已经有了近 50 位全职教师，涵盖了宏观经济学、微观经济学、计量经济学、金融学、实验经济学、经济思想史等经济学中几乎所有的学科；已经成为全国高校经济学人才培养、科学研究和国际国内学术交流的一个重要平台。更为重要的是，WISE 有了自己的学术文化，也处在与经济学院深度融合的过程中，祝福 WISE 下一个 10 年创造出更大的辉煌！

作者简介

　　陈国进，"闽江学者"特聘教授、厦门大学王亚南经济研究院（WISE）和经济学院金融学教授、王亚南经济研究院副院长。厦门大学经济学（金融学）博士、日本东京大学博士后、美国富布莱特学者（2010—2011）和麻省理工学院斯隆管理学院 International Faculty Fellow（2010—2011）、国家"新世纪优秀人才支持计划"（2005）入选者。

◎陈海强

WISE，一个梦想开始的地方

四年前我刚回国，常有人问，为什么选择回 WISE？我的答案很简单，WISE 是一个可以让人实现梦想的地方。四年后，回首再顾，WISE 不仅是我梦想生根发芽的地方，更是我人生一个新的起点。在这里，我成为一名老师，通过讲台分享自己的知识，也结识了众多志同道合的好友。我一直受益于 WISE 提供的一切，同时也通过 WISE 这个平台，发挥自己所长，实现自我价值。

初识 WISE 还是 2005 年我作为学生来参加学院组织的计量经济学暑期夏令营。后来我才知道，这也是 WISE 建院之后的第一个大型活动。当时我还是香港中文大学的硕士研究生，但 WISE 的会议安排非常贴心周到，讲课的老师包括 Jerry Hausman 教授、萧政教授、管中闵教授和陈松年教授等学术大家，让我受益匪浅，并坚定了从事研究工作的想法。第二次回到厦门已经是 2009 年夏天，我与洪永淼

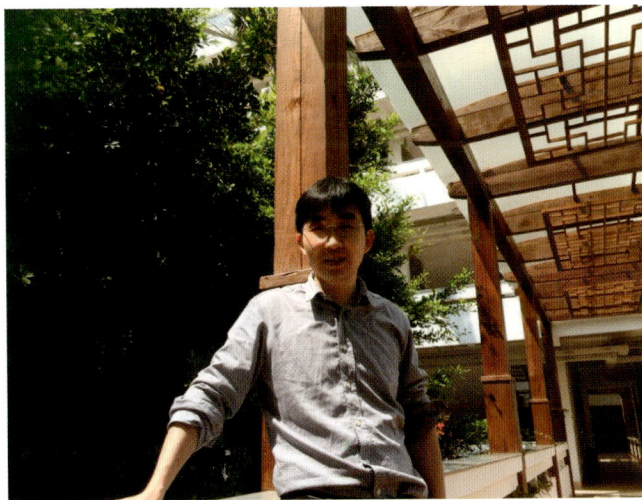

老师在康奈尔大学指导的另外一个博士生回到厦门参加 WISE 的暑期活动，并和 WISE 的研究生一起分享研究心得。这两次经历，WISE 浓厚的学术氛围、多元化的学术发展，都给我留下非常深刻的印象，也促成了后来我和太太两人一同加盟 WISE。

在 WISE 工作的四年，也是我开始实现自己梦想的四年。首先是科研梦，对学者而言，科研就是"硬通货"，我一直记着洪老师这句话。也许很多人觉得经济学论文并不能直接创造价值，但是对我而言，写经济学论文的过程能促使我对经济现象进行提炼思考，或者对现行方法进行总结开拓，令我对实际社会有更深刻的理解，从而能够更好地发现并解决问题。这些年来，WISE 为包括我在内的一批年轻老师提供了很多国内外其他高校难以媲美的科研条件。无论是在数据购买、学术交流还是在软硬件支持方面，学院都一直予我们以巨大的支持。尤其是每年冬夏之际，WISE 都会举办一系列的学术会议，通过参加这些会议，我们认识了合作者，也让别人了解我们的研究成果。除了这些学术会议，WISE 还为我们提供将所学用于解决社会实际问题的机会。这几年，我先后参加了深圳南方电网、上海银联商务等合作项目，通过与政府机构和企业打交道，我从另一个侧面了解到社会的需求，也对研究和教学有了更深层次的体会。

WISE 帮我实现的第二个梦想是育人梦。我一直觉得，我们这一批海归博士回国任教，一方面要站在中国人的角度去做一些经济学研究，另一方面要培养一批具有社会责任感、能够用现代经济学思维理性思考的经济学人才。在我看来，以身作则、踏实工作、讲有趣的经济学故事、激发学生多角度地全面看待问题，有时候可能比写一篇经济学论文能更加深刻地影响我们的学生。而 WISE 刚好提供了这样的土壤。我刚来 WISE 的第一年，就参与主持 WISE 的传统活动之一，老师与学生的 Tea-time 交流。那时我们还要特地包场到校外大学路上的"美丽时光"咖啡厅。现在这个活动还会定期举行，但换到条件更好的经济楼内 Sunwise 咖啡厅。每一次我都很享受这样的活动，因为不仅可以与学生讨论经济学的研究心得，还可以就社会上的热点问题展开自由对话，在交流中不断碰撞出思想的火花。通过这些交流，我们在潜移默化地影响我们的学生，希望他们不但要多学，还要多想、多做；不仅要对自己的未来有更清晰的规划，还要对周围的社会有更深刻的思考，担负起更多的责任。

在过去的十年，WISE 在国内经济学研究与教育的现代化方面发挥了非常重要且独特的作用。我相信，在下一个十年，WISE 将延续前面的辉煌，取得更多成就。而我也希望在未来的岁月里，与 WISE 一起进步，共同成长。

作者简介

陈海强，厦门大学王亚南经济研究院（WISE）副教授，教育部计量经济学重点实验室（厦门大学）副主任。2003 年毕业于北京大学数学科学学院，获统计学学士学位；2005 年毕业于香港中文大学，获经济学硕士学位；2011 年毕业于美国康奈尔大学，获经济学博士学位。

◎范青亮

十年桃李，百年芬芳

　　早在 2012 年夏天入职王亚南经济研究院（WISE）之前，我就对这所坐落在美丽花园城市的大学充满了向往。厦大建校之初，就成立了经济学部，这是经济学科的前身。厦大历史上有多位蜚声国内经济学界、产生过重大影响力的经济学家。王亚南校长所译马克思《资本论》三卷本，开创了国内马克思主义经济学研究之先河，从事经济学研究的几乎无人不知、无人不晓，其对中国经济学教育和研究的贡献之大，由此可见一斑。以王亚南校长命名的经济研究院，秉承厦大纪念先贤、继往开来的历史传统，在经济学教育国际化的时代背景下应运而生。自成立之日起，WISE 在洪永淼教授、蔡宗武教授等学术带头人的领导下，又得到邹至庄教授、萧政教授等多位世界级专家的倾心帮助和支持，因而吸引了一大批立志在国际前沿进行学术研究的中青年学者。

　　我在就读美国北卡罗来纳州立大学时，就从导师麦吉纳（M. Caner）教授和张灏教授那里听说过 WISE 的国际化程度和学术环境。他们对 WISE 的发展前景赞不绝口，给我留下了极深的印象。我毕业后选择 WISE，与两位老师的"言传"是分不开的。从学业上说，我主要从事计量经济学领域的研究，而 WISE 在这方面可谓如日中天，能与 WISE 结缘，实乃人生幸事也！

　　在 WISE 工作的时间不算长，但乐事不少，信手拈来几件，与大家分享。WISE 是个欢乐大家庭，每逢节日或某位老师的生日，大家采取 AA 制聚餐、互赠礼物，人情味儿特别浓。来厦门的第一年，参加学院组织的博饼晚宴，对这个相传源自郑成功为安抚思乡将士而发明的闽南习俗活动颇感新奇。每到中秋佳节，与其他各地赏月吃月饼不同，厦门的大街小巷到处响彻着"叮当"的博饼声，还不时夹杂着大人、孩子们的欢声笑语。博饼的奖品固然吸引人，但更重要的是那种氛围，大家互祝美好愿望，并希望博得头彩状元、事业家庭兴旺发达。说来也巧，每年博饼时，新同事们的手气都不错。初来乍到，正是需要家用物资的时候，一掷骰子，"及时雨"就来了。博饼活动结束后，经常可以见到各位同事拎着家用电器和一袋鼓鼓的日用品凯旋。类似这样的活动，让人感到工作不再枯燥，生活更加丰富有趣。

WISE 的国际化程度，也是值得一提的。有一次，我们邀请一位新加坡的教授来演讲，他对我们学术讲座的国际化程度表示吃惊：从旅途行程安排到讲座程序，都是地地道道的国际标准，连秘书也用英文交流。这位教授临别时对厦大的国际化服务竖起了大拇指。我想，厦大吸引海外学者的地方，不仅仅是优美的校园环境，更在于一流的国际化服务水平。这其中倾注了各位同仁的辛勤努力，作为后辈的我在享受诸多便利之后，也对 WISE 萌生了投桃报李的情感。

在 WISE 工作的几年中，不时遇到很多曾经在 WISE 学习、后来又到世界知名院校工作的杰出校友。大家聊起 WISE，心里都是暖融融的，也都很感激 WISE 所提供的平台和资源。工作当中，我得到学院许多老师的帮助，感觉无以为报，唯有严于律己，做好教书育人工作。

"十年树木，百年树人"，WISE 建院十周年来，春风化雨，润物无声，她所培养的学生越来越多。陈嘉庚校主说过，若从世界范围而言，厦门实则为南洋中华之中心。洪永淼教授建院之初就提出要把 WISE 建设成为国内乃至于亚洲一流的经济学教育与研究基地。在大家的共同努力下，WISE 一定会越走越好，桃李芬芳遍天下！

作者简介

范青亮，厦门大学王亚南经济研究院（WISE）助理教授，研究领域为理论与实证计量经济学。2012 年获美国北卡罗来纳州立大学经济学博士学位。

◎ 方颖

桃李不言，下自成蹊

面试中的遗憾与侥幸

结缘 WISE，是一种幸运。2006 年 1 月初，我怀着忐忑不安的心情来到波士顿，参加一年一度的美国经济学年会，同时也是全世界最大的经济学人才招聘市场。当时国内高校直接在海外招聘的不多，印象中比较正式、阵容较大的也就只有北大、清华、厦大、上海交大、上海财大和西南财大几所学校而已。厦大把我的面试安排在年会第一天的第一场，因为我前一天已经分别跟美国和国内的两所学校面试过，积累了些许经验，感觉上就轻松了一些。但一进入面试房间，看到满满一屋子的人，我还是有点紧张。不过还好，面试官都是俊男靓女，脸上纷纷展示出温暖而又客气的笑容。我至今还记得，坐在第一排右侧的是赖小琼教授，中间是周颖刚兄，边上是郑振龙教授，后排是陈蓉教授，年轻得看上去像一位学生。面试过程行礼如仪，出来后又略微觉得有点遗憾。原以为面试中有机会见到大名鼎鼎的计量经济学家

洪永森教授，还特地在面试前重温了他的几篇大作，看来多少有点落空了。几年之后，我代表 WISE 参加北美的招聘面试，亲眼见到一位面试者，开始时还是侃侃而谈，但等洪老师走进房间后，立马紧张得说话也不那么利索了。如果我面试那天洪老师真的在场，或许我也会像这位面试者一样紧张。那么是否能够顺利进入 WISE，恐怕也就难说了。

面试结束后我很快收到了 WISE 的 offer，紧接着又收到了萧政教授的邮件。他详细介绍了 WISE 的情况和发展目标，令我这个尚未毕业的博士生受宠若惊。与洪老师的初次交流是在电话中进行的，记得那时洪老师刚从国内赶回美国的家中。我们在电话里聊了很久，洪老师非常健谈，讲了很多关于年轻博士如何发展的建议，这令我非常感动。谈话以后，我跟我的导师 Caner 教授商量，他一锤定音地说，不要再考虑其他的了，你要去一个身边有资深计量经济学家的地方。就这样，我来到了 WISE。

压力与机遇

WISE 在 2006 年总共招聘了 5 位全职教师，加上几位特聘的兼职教授，就这么少的人马，却要承担起 WISE 前两届硕士生和博士生的核心课程。我第一年就要给硕、博研究生讲授 3 门课程，分别是"高级计量经济学Ⅰ、Ⅱ"和"面板数据计量经济学"，还要求全英文授课。8 月初到厦门后，我匆匆安顿了住处，一直不敢掉以轻心，天天关在办公室里备课。记得当时我花了半个月不到的时间就把 Arellano 的面板数据教科书仔细看了一遍，做了不少笔记，然后再去读萧政老师的教材。建院初期加入 WISE 的同事，客观地说，教学工作量都是比较多的。我第一年上 3 门课程，第二年起平均每年上四五门，直到最近几年才恢复到每年 3 门的正常教学工作量。

当然，科研的压力始终是第一位的。我博士期间主要从事工具变量方面的研究，加入 WISE 以后，我将自己的研究方向和兴趣逐步向非参数与半参数等领域转移。洪老师和蔡宗武老师都是非参数计量经济学领域的大家，我以前虽然比较系统地修读过非参数方面的课程，但没有着手进行这方面的研究。为了研究上的顺利转向，我做了两方面的尝试：

首先是做一些非参数方面的应用性研究，主要集中在各类金融市场的预测方面；其次是将工具变量和非参数方法相结合，做一些理论性研究。2009 年以后，因为加入蔡宗武老师和萧政老师领衔的面板数据计量经济学的国家自然科学基金重点课题，我更多地转向了非线性面板数据领域的研究。毕业 9 年来，现在回想起来真是"压力山大"。一方面，个人面临研究方向的转型，感觉每时每刻都在学习新东西，有时难免会有不小的挫折感与无力感。另一方面，WISE 在前几年几乎每年都有两三个高层次的计量经济学学术会议，名家云集，而我最大的压力是要在这些众人仰慕的大家之前，报告自己不那么成熟的研究成果。频繁的学术会议，逼着我马不停蹄地写论文。这样两三年积累下来，发现自己居然也有五六篇论文同时在各类国际期刊审稿修改了。

2012 年，也就是在我加入 WISE 后的第六年，我非常幸运地成为 WISE 第一个通过终身制的副教授，并在 2014 年破格晋升为教授。除了自身的努力以外，确切地说，我是 WISE 真正培养起来的青年学者。没有 WISE 提供的学术平台，没有那些资深学者的帮助与鼓励，我的学术道路不可能走得像现在这样顺利。我由衷地感谢 WISE，也相信 WISE 这个平台会为更多年轻的同事提供更好的学术发展机会。

向国内同行学习

回国以后，常听到一些议论，说海归学者与国内学者之间多少有些隔阂，有些海归同事也不是特别重视与国内同行交流。2006 年 10 月，东北财经大学王维国院长组织了国内第一次数量经济学方向的博士生培养研讨会，我和冼乌茭教授代表 WISE 参加。这是我回国以后第一次参加国内数量经济学同行的会议。从厦门到大连，一下飞机就立刻感受到南方和北方的气温差别，从二十七八度直降到十度以下。幸好主办方非常热情，推杯换盏之间，很快拉近了彼此的距离。通过这次会议，我结识了不少国内数量经济学界的前辈老师和各主要高校的研究骨干，并且逐步熟悉起来，成为在很多方面经常交流与合作的朋友。在大连会议上，大家商定了每两年举办一次数量经济学博士生培养经验交流会，而下一次就在厦门。此后，只要教学时间不冲突，我都会参加一年一度的中国数量经济学年会，朋友见面聊天，交流信息，那真是非常开心的一件事。2012年的年会在乌鲁木齐召开，因为WISE的课程安排得比较紧凑，我在乌鲁木齐只住了一个晚上就不得不返回厦门。认真算起来，我在路上所花的时间要超过我在乌鲁木齐待的时间，但我仍然觉得非常值得。

大家认为WISE是一个非常国际化的学院，这当然没错，但WISE也非常重视国内学术的交流与合作。国内一些比较重要的学术会议，比如中国经济学年会、中国青年经济学者论坛、中国青年经济学家联谊会（YES）等，WISE不仅鼓励我们积极参与，而且也积极承办这些重要学术会议，为国内同行的学术交流提供更多的平台。2007年夏天，WISE还牵头组织了一次中国经济学南方论坛，黄河以南最著名的9所高校的经济学院，包括复旦大学、上海交通大学、南京大学、山东大学、武汉大学、四川大学、中山大学岭南学院、浙江大学、厦门大学，以及上海世纪出版集团共聚厦门讨论科研与教学的发展，推动彼此间的交流与合作。有趣的是，北京大学与中国人民大学的院长们也闻讯前来，共襄盛举。

教学相长，为学生而自豪

到WISE任教，令我最开心的一件事就是有机会接触到很多优秀的学生。WISE的第一批学生是2005级硕士研究生。WISE在2005年6月成立，已错过了当年独立招收研究生的时间点，因此2005级硕士研究生实际上是从当年经济学院新招收的学生中二次选拔而来的。从一开始，WISE的研究生教学与培养就显现出鲜明的特色，主要表现在重视基础理论与量化方法的训练，强调全英文教学与国际化的培养风格，以及硕、博完全贯通的培养方案。WISE课程训练的严格程度在各类BBS网站上也是一个热门话题，而WISE的学生也素以学习刻苦著称。学校图书馆和经济楼里的阅览室里，占座的几乎清一色是WISE的学生。学生之间互相问候，最常见的一句话就是："你昨晚几点睡的？"学生有时难免会有些抱怨，但同学之间往往感情深厚，因为他们是真正3年在一起刻苦打拼，共同"熬"出来的。不像一些其他学院的学生，入校不到一年，就各奔天涯海角实习去了。前几批的学生中，很多学生选择继续出国深造，也有不少已经博士毕业，这些学生大多已在国内外一些著名高校执教。

我也非常幸运，从一开始就有参与指导 WISE 博士生的机会。WISE 从一开始就执行导师组制度，导师组其实就是一个非常高效的研究梯队。那些资深的学术名家当然是第一梯队，学生是第三梯队，而我则居中，带动学生从事计量经济学理论的前沿研究。第一梯队的老师对于研究方向的把握往往可以提供重要的参考意见，在研究进程中出现的困难，也往往经他们一语道破天机，指明解决的路径。在导师组中，我可以有更多的时间具体参与指导学生的研究，学生则可以从研究中迅速进入学科前沿领域，在毕业前后都有不错的论文发表在国际期刊上。

从入学初期的训练来看，WISE 第一届的博士生虽然可能不是最强的，但每位学生都非常认真刻苦，在学术上的自我要求也非常严格。他们在毕业后都选择继续从事学术研究的道路，并且都去了非常不错的学校。2013 年 12 月，在 WISE 组织的数量经济学博士生论坛上，我们邀请所有 WISE 毕业且在高校任教的博士回母校参加活动，并特地组织了一个 WISE 院友论坛，请他们坐上主席台，跟来自全国各地的在读博士生分享他们读博时的经验以及毕业以后的苦乐感受。我坐在台下，看到意气风发的他们在台上侃侃而谈，真是由衷地感到欣慰，也非常自豪能够有机会分享他们经过刻苦努力得来的成功与喜悦。

WISE 模式与两院融合

国内高校以较高的工资待遇招聘经济学海归，始于 1994 年林毅夫教授创办北京大学中国经济研究中心（CCER），而大规模招聘则从 2005 年田国强教授担任上海财经大学经济学院院长时开始，厦大 WISE 和西南财经大学等院校也在 2006 年加入了海外招聘的竞争。从此，经济学市场的海外招聘成为国内主流高校的潮流和"新常态"，并逐渐扩散到金融学、统计学等学科领域。以前，人们经常戏称高校为"计划经济的最后堡垒"，在经济学科历史悠久的高校中，突然引入一大批海归，传统与现代如何共存？如何发展？这对有关高校的领导来说，无疑是一次管理智慧的挑战。现在回头看，不同学校选择了不同的发展模式。北大 CCER 从一开始就是一个独立的海归学院，现在依然是。上海财大的海归招聘则直接放在经济学院之内，没有组建独立的海归学院。厦大走的又是另一条道路，先成立一个以海归为主的、独立的 WISE，在发展五六年之后，当她在国内外学术界渐露头角并建立起自己不错的学术声誉时，再来促进两院的合作与融合。在 2010 年洪老师同时担任经济学院院长后，两院融合更成为一个实实在在的工作任务。

2013 年 1 月，我被正式任命为厦门大学经济学院副院长，分管研究生与国际交流工作。除此之外，我还被赋予一个颇具特色的工作，即促进与推动两院融合。当时 WISE 尚年轻，全部教师不足 40 位，而经济学院历史悠久，有 8 个系级教学科研单位，在岗教师 180 余位。坦率地说，从 WISE 到经济学院担任行政工作，至少在当时，我还缺乏足够的心理准备。如何融合？我想同龄人之间总会有更多共同的话题，而学术讨论则是相互间促进了解的最好桥梁。于是，我组织了两院青年学者双周论坛，邀请两院的青年教师在论坛上报告自己的研究成果，两院老师参与点评，而后聚餐，继续在餐桌上讨论未尽的话题。聚餐从晚上六点开始，常常到八九点还没结束，大家海阔天空，从学术研究到生活体验，无所不及，无所不聊。学术交流缩短了彼此间的距离，虽然刚开始还只是"涓滴式"的，但随着时间的推移，融合的趋势与效果也就慢慢显现出来。在我看来，两院老师之间的融合，最根本的一点是了解和尊重对方的研究，然后才谈得上争鸣与合作。双周论坛不仅活跃了两院的学术气氛，也提供了一个很好的互相了解的交流平台。

两院融合，关键在于消除隔阂，取长补短，优势互补，共同改革。融合也不是你好我好大家好，在磨合的过程中，难免会有观念的碰撞与利益的摩擦。尤其是两院加速融合之后，人员也是你中有我，我中有你。一方面，有了对比参照，彼此看得更清楚，情况也就更为了解；另一方面，任何一点细微的差别都有可能被放大，成为潜在的导火线。在两院融合这个大背景下，两院的老师也罢，行政人员也罢，多多少少都需要学会换位思考，多一些宽容，多一分气度。要先认识别人的难处与长处，而后才能更好地理解别人的好处与短处，这样才能知己知彼，共同进步。在过去的一两年中，一些大型的活动都是由两院共同举办的，虽然我也听到过一些来自两边行政人员的抱怨，但看到更多的却是两院行政团队扎扎实实地推进工作，不断地取得进步。WISE 的管理风格与工作作风对经院而言，或多或少会产生某些冲击，而年轻的 WISE 同事也从经院团队中获取了不少经验与"单兵作战"的能力。

为明天祝福

转眼之间，在 WISE 也已度过了 9 个年头。虽然期间也有很多不足为外人道的压力与苦恼，也难免挣扎在教学、科研与家庭的种种冲突之中，但收获最多的还是对 WISE 这个大家庭的归属感与自豪感。能够和一群志同道合的同事一起，为着共同的理想一起努力、一起收获，是人生中非常幸运的一件事。记得在庆贺邹至庄教授八十寿辰的庆祝会上，洪老师作了题为《当代"海归"经济学者的历史使命》的发言，把海归经济学者的历史作用归结为六个方面，这个话题在网上也讨论得非常热烈。我常常以此自勉，无论是国际化还是本土化，无论何时何地，都希望自己至少能够成为改善和净化高校学术环境的一分子，做到有所不为与有所作为。

对一个学术机构来说，我想十周年是百尺竿头更进一步的一个新起点。同十年前相比，WISE 的高度不一样了，WISE 的境界不一样了，WISE 所面临的问题与挑战也不一样了。只要理想依旧，热情不变，我深信 WISE 的明天会更美好！

作者简介

方颖，厦门大学王亚南经济研究院（WISE）计量经济学专业教授，厦门大学经济学院副院长。1996 年与 1999 年获复旦大学经济学学士与硕士学位，2006 年获美国匹兹堡大学经济学博士学位，并于 2006 年 8 月加入 WISE，2009-2013 年曾任 WISE 院长助理。

◎ 郭晔

感恩 WISE 助我成长

弹指一挥间，WISE 十岁了。从最初的几位教授到如今几十位教授的阵容，集结各路青年才俊，蒸蒸日上，让人惊叹与佩服。回首 WISE 的十年历程，也正是我在厦门大学成长的十年，与其说是我见证了 WISE 从无到有、从稚嫩走向辉煌，不如说是 WISE 助我成长和成熟。

感恩 WISE　压力便是动力

2004 年我从北京大学经济学院博士后出站，回到母校厦门大学经济学院任教。或许是我太幸运了，当时正值厦大经济学科改革浪潮的酝酿期，"三高"课程正在征集年轻教师授课。作为彼时的"新鲜血液"，我被安排上"高级宏观经济学 I"。全英文的教材和一连串的公式模型，让我倍感压力，每晚挑灯夜读，备课直至深夜。没过多久，便听说经济学科出台了重大的改革举措——成立王亚南经济研究院（WISE）。WISE 成立之初，需要经济学院的教师兼职讲授一些课程。于是我顺理成章地成为第一批在 WISE 讲授课程的老师，虽然还是上"高级宏观经济学 I"，但是 WISE 的国际化要求我用英文授课。这对于当时英语还不是非常熟练的我来说，压力简直难以想象，教材、课件、作业和考试我都可以用英文，但是讲课却还做不到。于是，沮丧涌上心头，心里破天荒地萌生了悔恨当初没有选择出国留学的念头，对于英文讲得顺溜的老师亦格外地羡慕与敬佩。

正当我踌躇满志地打算恶补英语口语时，又听说 WISE 打算为经济

学院的老师们提供出国访学的经费，我几乎在第一时间递交了申请，并被列入 WISE 资助出国访学的首批名单。感激、幸运和时不我待……都可以形容我那时的心情。我最终选择美国康奈尔大学作为访问学校，导师是洪永森老师。其实，与洪老师初次见面是在 2003 年，地点在清华大学。直到 2005 年我们才再次见面，不过地点变成了厦大。洪老师与学院对我们这些青年老师是全力支持的，推荐信、资金支持证明函等等，都用最快的速度办好。2006 年 8 月，我顺利到康奈尔大学经济学系访问。在那里的 9 个多月是我人生当中最难忘的一段经历，特别是周末或休息日在洪老师家聚会，倾听大家畅谈国内发生的趣事，领略洪老师展望 WISE 未来发展的宏伟蓝图。当时留学准备课程项目的筹办，使我萌生了一定要提高英文口语水平、为 WISE 讲授一至两门金融课程的想法。于是，就有了之后在蔡宗武老师所在的北卡大学夏洛特分校听课和授课的经历。回国后，我给留学准备课程项目授课将近 8 年。如今，我能比较自如地使用英文进行交流，参加各种国际会议，这要感恩 WISE，感恩在康奈尔、北卡夏洛特和留学准备课程项目中的种种历练。

感恩 WISE　良师益友

　　一开始就记住王亚南经济研究院，并非别的什么原因，只是因为它的简称——WISE，已深深刻入脑海。我在心里默想这得多么睿智的人方能想出如此奇妙的名称，日后定能从中学到不少东西。果不其然，在 WISE 成立之后的数年中，各种大型学术活动，如计量经济学会议、劳动经济学会议、暑期学校等，都让人受益匪浅，感悟颇深。记忆最深的一件事是接待邹至庄教授，对于 Chow test，学经济学、金融学的人几乎无人不知、无人不晓，素闻邹教授严厉认真，要近距离的接触，我还是有些小激动和忐忑的。不过，见面之后，我发现他不仅很和蔼健谈，还特地送了我一本他刚出版的著作《中国经济转型》。书中有一句话可谓掷地有声，令人过目不忘。邹教授说，很多人特别是外国媒体认为中国的经济数据作假太多，不值得信任，但是他的研究和计量模型发现并非如此。当然，除了邹教授之外，在 WISE 的各种活动中，与经济学界尤其是计量经济学界的"大咖"们交流已经不是什么新鲜事。

或许是因为伴随和目睹 WISE 的成长，虽然编制在经济学院，但我从来就觉得两院亲如一家人，各扬其长，互补所短。WISE 每周二的午餐会、教师自费的"每周一馆"活动，是最令我羡慕的。品尝美食之余，还能与同事们见面聊天，真好！渐渐地，与 WISE 的老师们接触多了，发现他们身上各有特色和长处，不少人很有思想且颇为风趣，与他们交谈，经常会碰出思维的火花，由此我惊觉科研中原来自有激情与活力。与他们的交往让人每天都时时提醒自己、鞭策自己。我知道，与他们一起快乐地走在教学和科研的道路上，自己需要加倍努力。

感恩 WISE　引领国际化

人们常说，WISE 是厦门大学经济学科乃至整个厦门大学改革进程的排头兵。我想，WISE 带给我们的不仅仅是一批优秀的海归博士，更重要的是国际化的理念和思维。2011 年 1 月，我被经济学院任命为院长助理，协助分管研究生工作，期间制定了一些教学管理制度，这其中不少正是借鉴了 WISE 教学改革成功的经验。有了制度，一切管理起来就顺理成章；有了制度，以前看起来非常头痛棘手的难题，也都慢慢地迎刃而解了。

2013 年，我又被学校任命为金融系主任。金融学科在厦门大学一直是极具优势的学科之一，我们的老前辈已经打下了一片大好江山，中青年教师也在茁壮成长。特别是在当下各高校激烈竞争的前提下，如何传承和发扬、如何继续学科建设和培养研究团队，如何与国际接轨，都是摆在眼前的问题和任务，我们的担子和压力都很大。于是，在与 WISE 的积极互动中，我们找到了国际化的一些好思路。2012 年底，金融系与 WISE 联合主办了全国博士生金融计量经济学论坛；2014 年底，金融系和 WISE 联合北京大学国家发展研究院、美国 Fordham 大学，主办了 Financial Innovations and Bank Regulation 国际会议；2015 年起，金融系与 WISE 联合开办双周金融 Seminar，定期邀请海内外著名高校和研究机构的学者前来交流。通过这一系列的活动，我们的国际化步伐越迈越大，教师和学生们的视野也愈加宽阔。更为难能可贵的是，两边的老师们加深了了解，互相尊重，互相学习，紧密合作。尤其让我高兴的是，近两年来，所有招聘到经济学科的研究金融方向的海归老师皆为金融系和 WISE 双聘。相信透过这一窗口和纽带，两院可以加快融合，经济学科在 WISE 的带动下也会迎头赶上，开创国际化的新篇章。

未来一如既往

十岁已是初长成，未来 WISE 的道路还很漫长。在引领我们成长的道路上，她依然会不断给予我们压力、动力、帮助和惊喜，因为她有一群非常睿智和志同道合的老师们在，有一群十分优秀和渴求知识的学生们在，亦有一个效率超高的行政技术团队在。未来的道路，我们将携手前进，共同描画一个更宏伟、更美好的发展图景！

作者简介

郭晔，经济学博士、教授，现任厦门大学经济学院院长助理、厦门大学金融系主任，福建省金融学会理事，福建省高层次引进人才，厦门市高层次引进人才。

第一部分 心路雨花（教师篇）

◎韩乾

轻舟已过万重山

一眨眼，我在美国呆了 8 年；再一眨眼，我又在 WISE 待了近 5 年。古人以"白驹过隙，苍狗白云"形容时光流逝之快、世事变化之大，回首一路走来，自己何尝没有此感？所幸的是，我对这两段人生阅历无悔亦无憾。留学国外开拓了我的学术视野，而在 WISE 执教则让我找到了人生的意义。

2010 年夏，我从康奈尔大学毕业，再次站到了人生的十字路口。原本计划"杀"入华尔街的我，因为年届 35 岁"高龄"和家庭方面的原因，最终放弃了摩根斯坦利量化研究部的 offer，开始考虑选择稳定、自由的学术生涯。正在几所高校间权衡之际，洪永淼老师的学生、我的好友宋兆刚给我捎话说，洪老师希望与我见面聊一聊。虽然此前我上过洪老师的计量课，并拿了班上的最高分，但我觉得洪老师大概对我不会有太深的印象，因为班里修课的学生挺多的，我只是"沧海一粟"而已。于是，在一个阳光明媚的下午，我抱着忐忑的心情，如约来到了 Uris Hall。如果不是眼见为实，我以为眼前的一幕只是传闻：洪老师的办公桌上堆着厚厚的论文，犹如一座座小山包，窗台上则"陈列"着一排八宝粥罐头。我试探着问洪老师吃过午饭了没有，他摇了摇头，然后回问我可不可以边吃边聊。那是我生平第一次看见有人吃八宝粥的速度如此之快——多年以后，我才发现洪老师不仅吃饭速度快，而且在飞机上短暂休息的效率也十分惊人。他之所以有"超人"般的旺盛精力，奥秘或许就在这里。

那天下午，我们整整聊了 4 个小时。那是我第一次听说 WISE，第一次听到关于 WISE 的规划蓝图。要是你在现场，听洪老师畅谈未来的设想，一定也会跟我一样心潮起伏，毫不犹豫地把其他的offer拒掉，一心一意来"茳门（厦门）"加盟WISE。

WISE的十年征程，我亲身经历了其中一半。正如洪老师所规划的那样，WISE始终坚持走国际化的发展道路并且毫不动摇。绝大部分师资是从海外竞聘来的海归博士，几乎所有的课程都是全英文教学，并采用国外一流高校通用的教材。硕、博研究生第一年都要接受"八高"的严格训练，且每学期要参加足额的学术讲座。今天WISE的毕业生遍布海内外，我们从未风闻过用人单位对他们的学术素养和专业技能有所挑剔。相反，不少企业开始点名要求每年从WISE招聘一定数额的毕业生。

科研方面，我的体会更深。特别是助理教授的压力，恐怕只有助理教授心中清楚。好在WISE提供了足够的科研启动经费，可以用来参加国际和国内会议，跟同行保持交流。我现在比较固定的两位合作者都是在加入WISE不久后参加国际会议时认识的。每年WISE还会举办诸多大型的专题国际会议，近年来产生了广泛影响的有计量经济学会议、劳动经济学会议、制度经济学会议和实验经济学会议等。学术讲座更是丰富多彩，每学期各个学科领域都会组织安排一定数量的讲座，邀请该领域内的著名学者包括一些诺贝尔奖获得者前来做报告。这些学术熏陶对我们的影响可谓"随风潜入夜，润物细无声"。

谈到WISE的国际化，就不得不提及WISE利用自身丰富的国际教育资源而开设的留学预备课程准备项目。这些是WISE扩大其生源的一个有效途径。办学10年来，这个项目共向国外输送了1000多名留学生。这个项目的整套运营模式至今"一直被模仿，从未被超越"。让我颇感荣耀的是，从加入WISE的那天起，我就陆陆续续直接或间接地参与了这一项目。5年来我教过一些留学准备课程，参加课程的学生大多数没有金融和经济学背景。看着他们从入学时对金融市场的一无所知到毕业后成为业界精英，你就有一种类似于佛祖渡人的无尽喜悦。

不过，如果你认为WISE只重视科研和教学的话，你就像把帕累托最优认为是全局最优一样大错特错了。十年来WISE非常重视在厦大建

第一部分 心路雨花（教师篇）

设一种新的学术文化，例如经济楼庭院的整修、王亚南书院的建立、三味咖啡屋的营运，还有夜色中经济楼前灿烂夺目的"ECONOMICS"标识、楼里的禁烟标志以及圣诞节期间的雪人等装饰品，这些无不为两院创造了良好的工作环境和国际化氛围。再比如，年轻的老师每人一间独立办公室，每年两次为行政秘书庆祝生日，每月一次教职员自费聚餐交流，试问能做到这些的国内高校院系有几个？2011年我母亲手术住院，当时人在美国的洪老师就委派办公室人员到医院看望，并送来了一大篮水果，同室的病友竞相打听，以为母亲是什么大领导。

对于 WISE 如此"标新立异"的发展模式，国内甚至校内都传来一些杂音，这是在所难免的。比如有人认为，强调现代经济学意味着不尊重这么多年来中国的本土经济学，搞国际化等于脱离中国实际、不研究中国具体问题，学生上"三高"是无谓地增加学生负担，全英文教学根本没有必要，海归凭什么在待遇上跟本土高等院校或科研机构毕业的博士有区别，留学预备课程项目有"铜臭味"云云。面对这些异议，年轻的 WISE 始终坚持初心，顶住压力不为所动，十年间克服种种困难，不断推出各项新的举措，逐渐成为国内现代经济学教育的标杆和具有一定国际影响力的研究机构。

当年我加入 WISE 的时候，国内已有一批高校先后启动了现代经济学教学的新模式。近年来，很多国内高校纷纷奔赴美国招聘海归，实行全英文教学，举办国际学术会议等等。面对中国经济学教育科研逐步走向世界的态势，WISE 已经开始酝酿新一轮的发展规划以应对新的挑战，把握新的机遇，将目光投向更远的未来。真可谓"两岸猿声啼不住，轻舟已过万重山"！

适逢 WISE 成立十周年，心中思绪万千，谨以此文纪念我与 WISE 的这段缘分。衷心祝愿 WISE 生日快乐！

作者简介

韩乾，副教授，厦门大学王亚南经济研究院（WISE）院长助理兼国际教育合作中心主任。2004 年获美国康奈尔大学公共关系学院（CIPA）公共管理硕士(MPA)学位，2010 年获美国康奈尔大学戴森应用经济与管理学院应用金融博士学位，2010 年加入 WISE，任教至今。

◎ 韩晓祎

梦想开花的地方

> 生命中有一个自相矛盾却千真万确、十分重要的原则是：达到一个目的的最可能方式是不去瞄准目标本身，而是瞄准比它更远大的目标。
>
> ——阿诺德·约瑟夫·汤因比

WISE 是我梦想萌芽的地方

初识 WISE 是在 2007 年的冬天，那时的我还是个大四学生，正紧张地准备着出国的申请材料。某一天，我为了搜寻一些资料登上了人大经济论坛的网站，却无意中浏览到有关 WISE 的介绍。从那里我大致了解到，WISE 即厦门大学王亚南经济研究院，是一个与国际接轨的教学研究机构，年轻而富有活力，每年都会举办高水准的国际学术会议，并且已经有海外名校毕业的年轻海归老师在那里任教。当时我只感觉 WISE 真是好牛气、好"高大上"。在惊叹之余，我也会小小地胡思乱想：如果我申请到了经济学的博士，这些 WISE 的老师所从事的教学与科研之路，会不会就是我以后要走的路？那时的我对学术研究一无所知，对于一个博士学位所蕴含的付出与艰辛自然也完全没有概念。于是，这点胡思乱想很快就淹没在了学生时代最后的忙碌与快乐中。当时我没有想到，在离开了美丽富庶的杭州，在寒冷的哥伦布市求学 6 年之后，我会来到一个同样美丽富庶的城市——厦门，成为传说中的 WISE 的一员。

WISE 是我梦想抽绿的地方

出国之后，再次听到关于 WISE 的消息是在我的导师李龙飞老师的家中。李老师曾在 2010 年的夏天应邀到 WISE 的暑期学校做空间计量经济学方面的讲座。2010 年的秋天，李老师把他的学生聚集到家中，进行例行的研究进度检查。在休息的时候，李老师聊起他暑假在 WISE 的见闻，对 WISE 赞不绝口。李老师说，WISE 的研究氛围非常好，那里的年轻老师和学生对研究都非常认真专注，是一个可以信赖的做研究的好地方。导师的高度评价让我对 WISE 又多了一分向往。在博士学习阶段，除了专注于研究，我也开始思考自己未来可能的工作选择。而 WISE 也逐渐成为俄亥俄州立大学的中国学生们比较关注的一个名字。我的学长赵敏强于 2011 年加盟 WISE，之后，我的同门师兄师姐们也都参加了 WISE 在美国经济学年会的面试，尽管他们最后都选择了其他学校，但他们告诉我，WISE 的老师们非常热情，非常专业。于是，几年前萌芽的那个胡思乱想，开始在我心里慢慢抽绿、伸展。

2014 年初，我很幸运地拿到了 WISE 的 offer，从此成为 WISE 大家庭中的一员。

WISE 是我梦想开花的地方

不知不觉间，在 WISE 入职已经半年多了。

总觉得时间过得很快，或许是因为学术研究上的压力更大了，或许是因为自己变得更加专注了。这里的同事们年轻上进又充满活力，学生们基础扎实又非常认真，处在这样的氛围当中，我的紧迫感和专注程度提升了很多。与同事和学生们的讨论让我受益颇多。2014 年 11 月我在计量组内部报告了我当时还没完成的工作论文，计量组的同事们给我提了很多非常有建设性的意见，我和李老师在修改那篇论文的时候便采纳了其中的一些建议。而作为一个半路出家的贝叶斯计量经济学的学生，我在碰到一些不大熟悉的概念时，会经常找林明老师的高徒朱艳丽讨论，通过讨论来加深对概念和相关文献的理解。

当然，在 WISE 所收获的并不仅仅是学术知识的精进，WISE 为我们提供了很好的机会同一些非常优秀的资深学者交流。除了惊叹于他们在自己研究领域的深厚功力外，我还为他们对学术研究的极大热情所感染和折服。2015 年年初，我参加了从北美应邀来 WISE 访问的 HAO Jia 老师在 WISE 做的一场关于企业价值和首次公开募股（IPO）的学术报告。让我印象深刻的是，她对于自己的研究有着让人难以置信的热情。她告诉我们，她报告的这篇论文始于她读博士二年级时的资格考试中她导师所提的一个开放性问题。当时她觉得这个问题很有趣，就立志要把它做出来。经过多年的坚持和努力，她终于如愿以偿。我想就算不考虑这篇论文做出来究竟有多难，它提交后所经历的 4 轮修改，对于许多人来说都是漫长和痛苦的。但从 HAO Jia 老师身上，我看到了一个学者对研究最原始的热情和好奇心。虽然经历了很多波折，但在谈起这篇论文时，她还是非常开心和激动。如果不是有机会亲自同她交流，我恐怕是无法感受到她对自身研究的热情的。这样的热情加上坚持，同文章最后的发表一样鼓舞人心。

在 WISE，除了在研究方面的各种收获，我在教学方面也从同事那里学到很多东西。之前我一直认为，与研究相比，教学并不是那么重要。但是，当我备课遇到一些拿不准的地方去请教同事时，我惊讶地发现他们在备课上花的心思远超出我的想象。例如，王云老师在准备"博弈论"课程时，单单一章的课件就有 121 页。茅家铭老师在给本科试验班上"经济学原理"时，并不局限于书本上的内容，而是结合现实生活中的例子讲解一些更深的模型，比如搜索模型。他要求学生们期末分组做演讲，还邀请我们去旁听并给出建议。同事们对教学的认真负责在让我惊叹的同时，也让我重新意识到，我们既是学者，也是 WISE 的老师。教学，正是作为一个学者和老师的自我认定（self-identification）。

作为一个 WISE 的新人，我仍在逐渐适应着 WISE 和厦门的工作、

第一部分　心路雨花（教师篇）

生活节奏,但短短的半年我已经收获良多。很幸运能够成为 WISE 的一员,也期待自己今后和 WISE 一起成长,能更有危机感,能做得更好。我想,现在 WISE 是我梦想开花的地方,同样也将是我梦想结出果实的地方。

祝 WISE 十周岁生日快乐! 祝 WISE 的明天更加美好!

作者简介

韩晓祎,厦门大学王亚南经济研究院(WISE)助理教授,主要研究方向为空间计量经济学。2008年毕业于浙江大学经济学院经济学试验班,2014 年 5 月获美国俄亥俄州立大学经济学博士学位。

◎ 赖小琼

WISE 秘书团队：一群美丽的天使

不知不觉中，WISE 已经迎来了第十个年头。非常幸运的是，我能在任教期间亲眼目睹它一步一个脚印的茁壮成长，并参与其中。第一次接触 WISE 的工作，是在 2006 年，当时我在美国伊利诺伊大学做访问学者，由于我恰好在美国，就被邀请参加了 WISE 海归教师的首次招聘工作，没想到我就此与 WISE 结缘，从最初她对我而言只是一个新名词，到现在她逐渐成为我工作生活中不可或缺的一部分。2005 年，WISE 由于计量经济学暑期学校而初露头角，如今，她已成长为在国内外有一定影响力的经济学研究机构、高级人才培养基地和国际学术交流中心。我们一起走过的这十年，经历了太多的变化，唯一不变的是我们在互相适应和配合中，没有辜负当初洪永淼老师对她的期许，在 WISE 人一步一步的共同努力中感受到这份坚持的意义和价值。

而在众多 WISE 梦想的共同缔造者中，我不能不赞许的是我们的秘书团队。她们虽然只是幕后工作者，但她们通过自身的不断努力撑起了 WISE 成长道路上最动人的一道风景线。她们办事效率极高，总是能用最快的速度保质保量地落实 WISE 的各项工作，保证了 WISE 信息的上传下达；她们多才多艺，在 WISE 举办的各类展示平台上，都能看到她们活跃的身影；她们充满活力，WISE 因为她们的存在而温馨弥漫，气氛和谐。更为可贵的是，在这十年中，我看到了她们努力的汗水、奋斗的艰辛；看到她们这一路上的进步和成长，也看到了她们微笑背后的每一份坚持和不易。跟她们共事的这些年，我不仅感到轻松快乐，而且慢慢发现自己也被她们年轻的气息感染，慢慢意识到她们身上其实有很多值得自己学习的地方。对我而言，她们是 WISE 最美丽的天使，也是我心底最深、最重的骄傲。

凤凰花开，结缘 WISE

这群奋战在 WISE 第一战线的天使们，有的是从 2005 年就毅然决然参与 WISE 第一次暑期学校的筹备工作，在人手极度紧缺的情况下，身兼多职完成了多项看似不可能完成的任务，从此历经风雨伴随着 WISE 行政团队一直走到今天；有的则是因为参加了最初的暑期学校，被 WISE 的氛围深深吸引，在学生交流结束后，就正式加入 WISE 的大家庭；有的在加入 WISE 前已经有了较为稳定的工作，却因为偶然的机会被 WISE 所承载的梦想和展现的专业深深吸引，于是离开原先的工作岗位，选择与这个刚刚起步的学术界新生力量一起成长；有的是因为机缘巧合，在等待其他工作 offer 的同时，提前被 WISE 录用，但在了解 WISE 的文化和使命后，就立刻全心全力为 WISE 的成长贡献自己的一份力量；有的虽然加入时间不长，但是通过自己的不懈努力，不断学习适应 WISE 跨文化交流的专业素养，不断磨练自己的职业精神，最后受到了各级部门的肯定和嘉奖；有的则是在厦大毕业后，就毫不犹豫地加入 WISE 工作，十年来不忘初心，用最夯实的工作态度来回馈母校的培育之情。我不会忘记她们每一位刚进入 WISE 时的青涩，也不会忘记她们每个人为 WISE 一点一滴的付出。她们的加入让 WISE 多了一股股青春的朝气，也为 WISE 今天的进步奠定了坚实的基础。

不积跬步，难至千里

然而光有最初的梦想和一腔热血是不够的，WISE 的行政工作并没有想象中的那么简单。首先，因为 WISE 的不断成长需要跟国内外顶尖的学者进行交流，所以要求不能丢掉经济学的专业知识；其次，因为WISE要定期举办一些国内外各种规模的重大学术交流会议，所以她们还需要兼备相当的英语听说读写能力。WISE的行政秘书们，他们中大部分都是来自国外知名大学的硕士毕业生，因此具有较高的专业知识素养和英语基本功。但即便如此，她们也不错过WISE每一次的培训机会。平时，WISE会定期组织大家进行一定的行政能力培训，而在暑期，则会举办一些专题培训。她们珍视每一次培训机会，并且对自己也严格要求。与此同时，她们并没有把这些工作上的高要求当作一种附带的压力，而是把它当成一种将WISE的行政工作做得更好的责任。令我十分欣喜和佩服的是，现在她们不仅完全达到了WISE的工作要求，而且把各项工作都做得相当出色。在我看来，她们这种不断学习、不断进取的态度和精神，值得我们大家共同学习。

专业第一，效率至上

WISE的行政工作十分繁杂，每位秘书都身兼数职，且不时会有临时的工作调配，要完成日常及临时性的方方面面的工作任务，不仅要求她们具备一定的专业素养，还要求她们具有极高的工作效率。尤其是频繁举办的各种大大小小的学术会议，大至亲自落实嘉宾的行程、住宿，并且要逐一发放报销款，小到会场布置、嘉宾出席、文件发放、资料回收等各项工作，这些都需要她们一一落实且做出非常精细的事前安排。作为行政工作人员，她们时刻面临的就是一场与时间的战役，各个流程的前期规划都要精确到分钟。而她们所面临的行政工作，同时又是一次又一次与细节的较量，即便连每一张桌椅摆放的位置，都有一定的考究。每场会议结束后，她们都会对会务工作进行及时总结，厘清问题与不足，记录值得进一步改善和提升的地方，最终形成文字稿，以制度或规章的形式保存，供日后参考借鉴。如今，WISE能够形成一套非常成熟的会务工作流程，离不开这些行政秘书们的共同努力。这是一项从无到有的经验传承，也是她们集体智慧的结晶。规范清晰明确的工作手册，让她们做事有章有法，在保证完成质量的同时，又能保证工作效率，以最快的速度解决我们在日常工作中所遇到的各种问题。在她们心目中，效率不仅意味着以最快的速度完成工作，更意味着通过专业的流程规范，使她们避免手忙脚乱的窘境，能够把更多注意力放在如何提高工作品质的核心问题上。看到她们今天的工作效率，你就会明白 WISE 之所以能取得今天的成就，实在离不开她们的努力和坚持。

不辞艰辛，不舍昼夜

就如 WISE 的今天，是靠整整十年的不懈努力打拼出来的，她们缔造的成绩，也不是只一两个朝夕就可以换得的，我看到的是她们日复一日、年复一年的辛勤工作，是多少个昼夜的汗水结晶。我知道她们中间有人在 WISE 刚成立的阶段，一个人不仅需要协调人事工作，还要兼任科研秘书、外事秘书、双学位教学秘书、班主任等多项工作，通过自己的努力把每项工作都完成得相当出色；有人在某次招生广告发出去后，一个人不知道花了多少时间，把接收到的大几百份申请表一一手工输入整理，在她最忙的那段时间，甚至接连流了好几天鼻血都没有停止工作；我还知道她们中有人几度彻夜奋战，为了一个时间要求很紧的成果展示多次反复修改方案，中途还碰到停电检修等多项突如其来的困难，最后还是在规定时间内保质保量地完成了这个看似不可能完成的任务；她们中还有人孩子才几个月大，就接到出差的任务，为了确保工作的顺利完成，她没有找人临时代班，而是亲力亲为处理好一切，然后自己承担了额外的住宿费用，把丈夫和几个月的孩子一起带到会议所在的城市。甚至有的人为了做好手头的工作，连自己孩子发烧住院都没能及时去医院照顾。遇到学院较忙的时期，宁愿选择把孩子送回老家照顾，也丝毫不愿耽误学院的工作。仅我所了解的，就有那么多值得我们大家一起点赞的瞬间。更不用说，我经常在较迟下班或晚上来学院备课路过她们办公室时，看到她们因为加班而忙碌的身影；也不用说，她们在忙碌时经常顾不上午餐晚餐，生病都不选择休息。在更多的时候，她们默默付出，无私奉献……在这背后，有许多我们不知道的故事。

她们的青春活力，散发出的是一种如同 WISE 一般年轻的气息；她们的乐观进取，折射出的是 WISE 这十年昂扬向上的工作风貌；她们的每一分努力和奉献，都是 WISE 如今取得的所有成绩的幕后推动力量。

当然，她们所有的汗水和付出，她们扎实的专业基本功，她们非同凡响的责任感，她们雷厉风行的办事效率，不是我短短的三千多字可以说清道明的。我只希冀能把我的感动和感谢都写进这篇文章中，尽我所能，告诉更多的人，WISE这十年硕果累累，有她们的辛勤和汗水，有她们的努力和拼搏！

WISE秘书团队是WISE成长道路上一群美丽的天使！在喜贺WISE十年华诞之际，谨以此文向她们致敬！

作者简介

赖小琼，经济学博士，厦门大学经济学院经济学系和王亚南经济研究院（WISE）教授，2005-2006年美国伊利诺伊大学访问学者，2006年加入WISE，现任WISE副院长。

◎李木易

青青子衿，WISE 我心

为庆祝 WISE 十周年，老师、学生、校友及行政人员纷纷为之撰写纪念文章，角色不同，讲出的故事自然也有所不同。但不管是哪种角色，都能让人强烈地感受到作者对于 WISE 的热爱和感激，还有那份荣誉和骄傲。作为 WISE 和经济学院双聘的一位普通老师，追随 WISE 的脚步虽然只有短短的三年半，却足以让我用一生去回味和享受。

时光回溯到 2011 年的初春，我接到 WISE 发来的 offer。我清楚地记得那天我刚参加完校园面试，从厦门回到香港，刚打开电脑，这份 offer 就迎面而来——我被经济学院和 WISE 合聘为统计学助理教授。我很开心地告诉我的博士导师李伟强教授，他说你去那里会有很好的发展前景。一切仿佛就在昨天，但转眼我与 WISE 的缘分，已经进入第四个春天。与 WISE 的第一次亲密接触，其实比面试要更早些，那是 2010 年 6 月举办的"计量经济学模型设定检验 30 周年国际研讨会"。当时我和李伟强教授一起来参加，我汇报的是一个关于波动率长记忆性的检验问题。虽然报告切合这个会议的主题，但坦白地说，一直处于理学教育背景的我，那个时候对计量经济学还完全是个门外汉。那次会议让我有机会与一些计量经济学大师们近距离接触，在会议闭幕那天的晚宴上，WISE 还为 Halbert White 教授举办了 60 岁的生日宴。小小的生日宴，让在场的每一位都感到温馨而别致，也给 WISE "高大上"的学术形象增添了不少生动有趣的人情味。回想起最初，自己真的只是天真、无知加运气好，误打误撞进入了这个计量经济学殿堂级的地方。

2011 年 8 月份报到后，9 月份便开始进入正常的工作节奏。作为第一年实行双聘制的老师之一，第一个学期我承担了 3 门课的教学任务。除了经济学院研究生的统开课"高级计量经济学 I"（两个班），还有一门每周六去漳州校区给 WISE 统计双学位的学生上的"概率论"。现在想来，第一个学期是我最焦虑、最狼狈的一学期。除了教学研究外，报到手续上的各类琐事接踵而至，对环境的不熟悉和心理上的紧张感更加重了本就不轻的疲劳感。

记得钱穆先生说过："一个人怎样做人，做学问，做事，应该有一个共同的基本条件，就是一定要先认识我们的时代。"我觉得把"时代"二字换成"环境"可能更适合当时的我。双聘老师同时属于两个学院，因此需要熟悉两边的流程，配合完成两边的事务。第一个学期下来，苦恼和困难在所难免，因为彼时两院的各种制度还存在不少差异，包括对一位老师影响最紧密的教学和科研环境，而且老师之间也并不像今天这般熟悉。但年轻老师最可贵的职业生涯成长平台也恰恰是从这里开始起航的。在较为繁重的工作任务之外，也有些印象深刻的事，比如让我真正意识到计量经济学和统计学的不同，竟然还要感谢当年漳州校区选修我们双学位课的一位本科同学。记得有一天下课时，他来问我关于工具变量的问题。当时我有种无从下手的感觉，因为我完全没听过这个专业术语！一是可能由于我个人的知识面比较狭窄，二是在统计学的框架下似乎就没有这个知识点。于是，那次上课回来后，我带着一丝忐忑，去请教方颖老师，问他什么是工具变量，方老师用一句话就回答了我的问题。现在想起来，那一幕还那么清晰地印在脑海里。也恰恰是这样的小插曲，让我有了两个小收获：第一，就连修读 WISE 双学位的学生都可以这么"计量"，这里不愧是计量的殿堂；第二，我经常会听一些学生和老师讨论统计与计量的区别和联系。在我看来，工具变量就是一个很好的切入点或"分水岭"，可以用来区分统计学家和经济学家的差异。

　　作为第一年被采用双聘制的老师，也许在最初的阶段，对环境的不适应和会让人出现低谷期、迷茫期。因为从我个人的研究范式和研究领域来说更接近 WISE 一些，但因为我的编制在经济学院统计系，所以在很多具体的工作需要落实时，我并不能马上就按照 WISE 的相关制度找到对应的解决办法。于是，我就处于一种身份比较模糊的处境中：在WISE 老师的眼中，我可能是属于经院的；而在经院老师的眼中，我可能又是属于 WISE 的，结果在两边都隐约让我没有归属感。好在这种不管自我模糊还是制度模糊的时期都非常短暂，一方面，两个学院的老师给予双聘老师很大的包容和帮助，另一方面，两院也在不断摸索中求同存异，互相融合。经济学院是厦大学科历史最为悠久也最有影响力的学院，虽然在攻守江山的不同阶段，势必会遇到一些瓶颈和滞后，但她的辉煌归功于一代又一代学术人的传承和拼搏。 换一个角度来看，双聘老师其实已经比经济学院的一般老师幸运得多，比如一开始便配备了两人间的工作室以及所有必备的办公硬件。我曾听说由于工作室紧缺，出现过 6 位老师共用一间工作室的"盛况"——当然，那是由原来的会议室简单隔开的，其面积差不多相当于一般工作室的两倍。作为双聘这种新制度（我的个人理解是类似于"一国两制"的一种制度，先分而治之，再和而治之）实施的第一批承载者，后来在洪永淼老师出版的那本《中国经济学教育转型——厦大故事》里，我看到有一节专门讲解了海归双聘制度和学术共同体（Scientific Community），我读后如醍醐灌顶，真正理解这几年来 WISE 发展背后每一个举措的意义。

　　如果说第一年是在懵懂中适应，第二年则更像是一种明确后的坚定，坚定以后便是义无反顾地往前走。WISE 虽年轻，但她却能给我们带来那么多学术上的饕餮大餐，在好好享受这些大餐的同时，也深深感受到身为其中的一名老师所承受的教学、研究方面的压力。但这里有一群同样年轻的同事，一起分担压力，一起谈论学术，偶尔也一起抛开工作上的事情，纯粹地享受生活。我时常感到幸运，有这样一个环境日日熏陶着我，让我即使足不出校，也能得到那么多的学习机会。我喜欢和同事们聊天，听他们聊经济理论、谈宏观政策；喜欢和不同方向的同事讨论合作的可能性；同时我也为能给其他同事的具体问题提供统计技术上的支持和理论证明而感到快乐。每周二的 faculty lunch meeting 不尽兴，我们便利用去教工餐厅的时间，或者前往各自的工作室继续讨论……随着外出开会与同行间的交流增多，不管走到哪里，总有人向我问起厦大的WISE，问我们的会议举办情况、我们的老师、我们的学生培养、我们的招生等等，似乎想问关于我们的一切。也许在很多人远距离的观察里，WISE是一个传奇。而只有我们这些近距离接触WISE的人，才知道这传奇的背后，有多少前辈同事和年轻同事一起经历的努力和付出。在我眼里，WISE不仅是海纳百川、神圣高贵的学术殿堂，更是催人不断前进的动力之源。

在厦大的第三个学年结束的时候，我评上了副教授。这是件值得开心的事情，它证明自己在学术这条道路上顺利地上了第一个台阶。这一年我不光收获了来自自己的学术成果，还收获了学生带给我的成就感。上个月一个修读WISE统计双学位的学生，非常高兴地来工作室感谢我，因为他拿到了伦敦政治经济学院带奖学金的统计硕士offer。他的本专业是微电子，曾修读我的"时间序列"课程。他同时也以专业GPA第一的成绩拿到了美国电子工程硕士的offer，但最终还是决定去读统计。他说我的课改变了他的人生轨迹，我告诉他，其实是因为他参加了WISE的这个项目，才使他的人生轨迹有了改变的可能。在这几年的时间里，从WISE的双学位项目、留学项目、国硕项目，到经院的本科生和硕、博研究生，都有我曾经授过课的学生。他们因为我的一门课或者一次面谈带给他们不一样的思考并影响他们的人生轨迹，从而愿意回来与我一起分享他们的喜悦时，那种成就感真的是无法言喻。也往往就是在这个时候，我才更深刻地体会到"师者，所以传道受业解惑也"这句话的意义。

不知不觉写了这么多，似乎还意犹未尽，似乎还有万语千言。有句话形容如何证明一段恋情是好的恋情，证明你遇到的那个人是对的，那就是：在这段感情里，你不仅可以做自己，还有来自内心的渴望——希望做更好的自己。我想说的是，在这里，在WISE，在SOE，我遇见了曾经未知的自己，也成长为更好的自己。我相信我会越来越好，就如同我相信WISE和SOE的明天会越来越好一样！

✏ **作者简介**

李木易，厦门大学王亚南经济研究院（WISE）和经济学院统计学系双聘副教授。2011年毕业于香港大学统计与精算学系，统计学博士。

第一部分 心路雨花（教师篇）

039

◎林季红

念奴娇·亚南院十周年庆

　　南强旗帜，看经院，汇聚多少才贤。怀瑾握瑜，邀明月，豪气直上云天。舌底谈锋，胸中学海，学术立峰巅。宏观微观，谱写壮丽诗篇。

　　喜看亚南学院，十年庆华诞。教学科研，引领高端。挥手间，崛起重镇高山。芳菲桃李，胆气尽豪壮，跃马扬鞭。南强胜景，江北江南顾盼。

作者简介

　　林季红，厦门大学经济学院国际经济与贸易系教授、系副主任。

◎龙小宁

我们大家的亚南院

我的亚南院

2001 年，我从华盛顿大学博士毕业后，开始在柯盖德大学任教，一待便是 10 年。期间（2005–2006 年）曾在斯坦福大学的胡佛研究院做了一年由美国国家奖金资助的研究员。2007 年，我拿到了柯盖德的终身教职，之后担任亚洲研究中心的主任。2010 年春，我带美国学生来中国游学，看到国内高校的快速发展和国内学子的勤奋进取，于是就萌生了回国任教的念头。当年秋季我开始联系国内的高校，而一接触厦大王亚南经济研究院（WISE），我就对她一见钟情。

之所以选择 WISE，从我个人的角度来说有这么几点：第一，WISE 的学术气氛浓厚，访问 WISE 时曾与多位老师深入探讨科研问题，这让我感到无比畅快；第二，同事之间平等、和谐，非常容易沟通；第三，WISE 的行政人员非常高效，各种程序处理得有条不紊。上述几点与美国高校的环境非常相似，让我有一种回到"学术之家"的安全感。于是，我很快就做出了决定，与 WISE 签订了合同。

合同期从 2011 年秋季开始，之后几个月走人事程序的曲折历程却让我差点否定了自己做出的选择。首先是学校的工作合同拖了很久才签下来，而这又影响到过渡房的安排、工资的发放，等等。记得情绪最低落的是某个周末的早上，一觉醒来，心里有一种莫名的担心，情急之下就给朱崇实校长和洪永森老师分别写了邮件，讲述我目前遇到的困难。

邮件发出之后，正好赶上给双学位班的学生上课，看到课堂上学生们渴求知识的目光，我的心又平静下来，觉得回国的选择是正确的、值得的。当天中午，收到邮件的洪老师可能不太放心，便安排学院的老师跟我一起吃饭谈心，又亲自通过网络与我交流，打消我的疑虑。之后，院里主管人事的老师也来帮忙解决问题。2011 年 12 月初，入职程序终于全部走完，我正式成为 WISE 的一员。

通过这件事，我对国内高校人事制度中存在的一些不尽人意之处有了最直观的感受。比如，高级职称的聘任需要专门的会议讨论通过，而这些会议的召开频率往往较低。再如，海归人员的聘用一定要有教育部颁发的学位认证才行，而办理的过程往往要拖延很久。最近几年，这样的拖延仍时有发生，造成受聘者人事程序办理进度的滞后。每逢新加盟的同事碰到类似问题的时候，我就会找机会向他们讲述自己的经历，劝慰大家多一点耐心。我个人的体会是，在回国生活之前，需要先调整好自己的心态，心态调整好了，才可以努力做我们能做的事情，帮我们能帮的忙。比如说，现在亚南院有了一份比较全面、周详的教师入职手册，内中提供了各方面的信息；再比如，一有机会，我们就会不遗余力地向学校人事部门争取，对各种流程做某些简化。

亚南院一直给我一种"家"的感觉。与年轻的同事一起聊遭遇的困难，然后共同想办法解决问题；兴趣相同的研究者则聚在一起讨论科研题目，然后找数据、跑程序，再互相挑"刺"；一些好学的学生四处找来稀奇古怪的问题，看你是不是能用经济学理论加以解释；而最喜欢的还是每周二的午餐会，大家畅所欲言，充分享受学者的自由空间。我很幸运，在来到亚南院时，她的创业阶段已经基本完成，而这些都归功于亚南院早期同事们的付出和努力。

你们的亚南院

2012 年，到厦大任教后的第一个春天，我参与经济学院的本科教学改革。2013 年 2 月起，我被任命为经济系的系主任，与经院老师有了更多共事的机会。由于多了一重身份，我也开始学会跳出亚南院的视野，从经院老师的角度看问题。下面，我就借用"我们的亚南院"来指称亚

南院老师眼中的亚南院，而用"你们的亚南院"来指称经院老师眼中的亚南院，这说起来也许有点绕，不过姑且使用一回。两种称谓背后，不仅仅体现了观念、思维、思想上的差异，也体现了行事风格、操作手法、利益关切上的分别，而这些正是导致分歧的根源，也是两院融合过程中需要面对的主要障碍。

在经院老师眼中，从教学、科研到行政、技术管理，"你们的亚南院"在许多方面可以称得上严苛，甚至"不近人情"。比如说，在讨论学术问题时，你们一定是争先恐后地发言，而且评论研究结果时经常言语尖锐，不留情面。要知道，在有尊老习惯的中国，往往是先请资深老师发表看法，并且对研究结果有批评意见时也要非常委婉地表达。事实上，"我们的亚南院"遵循的是国际规则，学术面前人人平等，它追求的是一个"真"字，但这样一来，也就变成无视传统，不合"国情"了。最近在经院博士生的一场开题报告中，由于中青年老师们一股脑儿地给开题的博士生提出了诸多批评意见，没有考虑到在场的导师的感受，虽然只是言语上的摩擦，但还是出现了令人不愉快的场面。可以说，由于双方观念差异而产生的冲突，在短时间内恐怕难以消除，也不可避免。

又比如说，在面对问题的时候，亚南院的海归老师经常会说到美国的做法如何、欧洲的做法如何，提出建议时也往往推崇国外的做法。而经院老师可能会有这样的想法：各国的国情不同，条件各异，是否也应该考虑具体情况和多种因素呢？

再比如说，在两院学生选报课程时，"我们的亚南院"坚持的原则是一定要两院名额对等互换，并强调权利与义务的对等匹配。但是经院老师的想法却是：既然是亲兄弟，为何每次都要明算账？"你们的亚南院"最初的办公室都是从经院腾出来的呀，为扶你们一把，我们当时就没考虑到权利与义务对等问题！经院最优秀的本科生经过筛选后，也编入你们的国际班了，对吧？还有，在"你们的亚南院"建院初期，经院的老师和行政人员曾给予大力支持，我们从未想到利益对等问题，你们现在咋就搬出这个招数来了？

还有，"你们的亚南院"海归老师受益于自己的留学和海外工作经验，确实为厦大带来了一股清新的制度变革之风，但是也不能忘了这是在转型期的中国呀！在这新旧交替的时代里，往往需要用最少的资源做最多的事情，权利和义务常常不能够对等。既然"你们的亚南院"学术资源多、学术水平高、教学能力强，那么能不能在经院转型最关键的时候，多帮助"亲兄弟"一把呢？即使是变革，是否也需要因地制宜？即使是坚持标准，是否也可以更好地沟通？

不过，尽管存在这样那样的分歧，但大家渐渐意识到，亚南院的严苛与"不近人情"，恰好诠释了它高效、认真、充满生命力的一面；亚南院对规则固执的坚持，同时也是制度化的体现和现代化的缩影。经院老师的不习惯，是因为它离得太近、来得太快。但拒绝变化并不能阻挡现代化的步伐，推迟改革只会让我们在前进中比竞争者落得更远。与其墨守成规，追忆往日沧桑，不如转变观念，奋起直追，创造未来辉煌。

如果把经院比作稳重的大哥哥，在历史长河里磨去了些许锐气，那么亚南院就应该是充满朝气和活力的小兄弟。而亚南院与经院在变革中的碰撞和互动，就有点像先知先觉的小兄弟在吵闹声中唤醒了打盹儿的大哥哥，然后两人铆足了劲，一起追赶时代的步伐。虽然不是如沐春风，但匆匆刮过的劲风也可以吹走倦怠之感，带来奋发之气和昂扬之气。所以，经院加入到变革中来了，还带来了大哥哥独有的忠诚、宽广、谦和与厚重。

当我们不再用"你们的"、"我们的"来固化某种对立思维时，我相信两院融合就会一路破冰前行，厦大经济学科也将走向一个圆满融通的大格局！

我们大家的亚南院

真正成功的制度变迁，不仅需要引入先进的制度，更需要包容开放的本土环境。亚南院能够突破体制樊篱，异军突起，成为厦大经济学科的闪亮名片，可以说是经济学科总体布局的一次"突围"；而为了配合支持经济学科的改革，经院的老师们也付出了很多心血、做出了不少牺牲。从这个意义上说，亚南院又是我们大家的！

初期融合时的碰撞和矛盾，被两院老师相互间更多的理解与包容逐步化解了。慢慢地，随着经济学院和亚南院在各方面的融合，两院之间的隔阂与误解也渐渐减少了，有的甚至已消失于无形。两院老师更多地感受到彼此间的默契与信任，分享着相互间的关心与帮助。

亚南院的海归老师承担起大部分经院研究生统开课程的授课任务，而经院学生的开课需求也让亚南院的老师可以开设和讲授自己熟悉领域的专业课程；亚南院的老师积极参与经院博士生培养的各个环节，包括开题与答辩，而经院的老师为亚南院专业硕士的授课与培养提供了多种帮助；亚南院的老师作为编委参与经院两份学术期刊的编审，而经院的老师热情帮助亚南院年轻老师申请国家自科和社科基金项目。在海外招聘中，凭借亚南院的口碑与声誉，厦大经济学科不仅可以与国内顶尖高校竞争，甚至开始对北美、新加坡乃至中国香港地区的高校构成威胁；而依托经院在国内的历史传承与赫赫声名，厦大经济学科更是继续在政策咨询和业界影响方面保持优势。

如今，更多的活动已经由两院共同举办：两院联手组织"青年学者论坛"；亚南院、经济系、财政系和经研所联合举办应用微观领域的午餐研讨会；亚南院海归老师与经院国内学者合作研究，共同在国内外学术期刊上发表论文；两院共同赴美招聘海外人才，等等。特别值得一提的是，今年的海外师资招聘完成后，编制在经济学院的海归老师将达到35 名，已超过亚南院编制海归老师数量的三分之二，两院的融合将达到一个崭新的高度。

中国高校改革体制外与体制内之间的融合，厦大也许不是唯一的一家，但也许是做得最为成功的一家。在这个过程中，不仅两院的领军人物付出了无与伦比的心血、勇气和智慧，两院师生们的理解与支持也不可或缺。相信在中国高等教育改革的历史上，亚南院的成立和发展将会留下浓墨重彩的一笔；而更重要的是，她必将通过与经济学院的全方位融合，为厦大经济学科的复兴与发展掀开辉煌的新篇章。

正如亚南院创建者当年构想的一样，亚南院与经院"亲如兄弟"！"亲如兄弟"的我们，现在是这样相处的：校运会上，我们共同组队；学术圈里，我们合作研究；越来越多的课程正在两院之间打通，更多的师生也在两院间展开互动。学习亚南院的博士培养模式，经院从 2014 年开始改博士学制为四年，同时打通硕、博士课程；而经院经济学系开设的优秀毕业论文写作课程，则被亚南院借鉴并改造为双学位班的论文写作课程。

"亲如兄弟"的我们，现在正携起手来，共同呵护和建设我们大家的亚南院，我们大家的经济学院，乃至我们大家的厦门大学！在共同的家园里，我们有共同的命运和共同的梦想，唯有融合一起，我们才能更强大，才能再次铸就厦大经济学科的美好明天！

作者简介

龙小宁，教育部"长江学者"特聘教授，第七届国务院学科评议组成员，福建省"百人计划"和福建省"高校领军人才计划"入选者，斯坦福大学胡佛研究院 Glenn Campbell and Rita Ricardo-Campbell 国家奖金获得者，*China Economic Review* 以及《中国经济问题》联合主编。1993 年获西安交通大学管理学学士学位，1996 年获对外经济贸易大学国际贸易硕士学位，2001 年获美国华盛顿大学（圣路易斯）经济学博士学位，2001-2011 年于美国柯盖德大学任教并获终身教职，2011 年起任厦门大学王亚南经济研究院（WISE）和经济学院经济学系教授，2013 年起任厦门大学经济学院经济学系系主任。

◎牛霖琳

WISE 另解

WISE 成立十周年之际，我博士毕业来这里工作也已经第七个年头。七年来的种种工作经历，都与 WISE 这个响亮的名字分不开。拜开创者的睿智，作为王亚南经济研究院（Wang Yanan Institute for Studies in Economics）的英文简称，"WISE" 以其智慧的含义给研究院的发展壮大以福佑，也往往令与其结缘的人们为之骄傲。当我回想过往点滴，却发现时间过去虽然不久，许多事情已经交叠模糊，当我努力把它们立体化想要找出线索来，也就形成了我对 WISE 的解读。在此过程中，WISE 这四个字母浓缩了多重含义，分别是：

1.The Winter Interview for a Sunny Epoch .

2.My Way International Starting from Europe again.（or：Want to Immediately Shirk and Escape）

3.Where Is Struggling Emma?

4.Wolfgang Insists on the Stochastic Error .

5.Women Intelligent in Statistics and Economics .

6.The Wakening Idea that Shines Ever .

且待我一一分解。

1.The Winter Interview for a Sunny Epoch 冬季通往太阳岛的面试

和许多同事一样，我也是通过 2008 年 1 月初在美国经济学年会中的招聘来到 WISE 的。我是欧洲出产的经济学博士，在美国面试，找了个中国职位。2008 年的美国经济学年会所在地是新奥尔良。我在跟纽约的知名对冲基金、北欧的一家央行以及一些高校的面试中逐渐积累经验，到了最后一场，也就是 6 日早晨 WISE 的面试，真正找到了最好的感觉。

感觉好，一来是早晨神清气爽，二来是与面试官的对话轻松愉快。面试官齐豪和 Sung Yong Park 可以说是 WISE 最好的推销员，一位是中国台湾籍，一位是韩裔，都非常真诚地推荐厦门和 WISE，使我觉得我作为一个中国大陆人不可能不喜欢这里；不仅如此，他们一位研究微观，一位研究计量，对于我的宏观金融研究却表现出了浓厚的兴趣，还讨论了一些细节问题，让我有如遇知音之感。面试组长蔡宗武老师是统计学家，我见面时说："蔡老师，您还记得我吗？五年前您访问柏林洪堡大学时我向您讨教过问题。"蔡老师显然记不清了，但立即热情回应："哦哦，你是 Wolfgang 的学生吧？"我答曰不是，告诉他我硕士毕业离开柏林到意大利博科尼大学读了经济学博士。以这样的背景介绍打开话题，后面的半小时谈话就在愉快的氛围中飞快地过去了。面试前在走廊里遇到另一组的组长冼刍荛老师，他看上去很严肃，我当时庆幸自己被编在蔡老师这组。

我 7 日返程，准备继续征战两周后伦敦的欧洲工作市场。但是当 8 日回到米兰打开电脑，WISE 的工作邀请居然已经静候在邮箱里。这让我阵脚大乱，急告主导师和博士项目主管——有个印象不错的学校，不按常理出牌，越过了通常的第二轮筛选和实地访问就发 Offer 了。主导师跟我一起详细查阅了 WISE 网页上每位教师的简历，发现有许多计量和统计学领域的"大家"，他的眉头舒展开来，因为在宏观金融领域很多研究的突破都依赖前沿的计量方法和工具。于是，他以自己作为意大利海归的经验下了两个判断：从发展前景看，没有理由说不；如果将来必定回中国，晚回不如早回。而博士项目主管以他博弈论专家的缜密头脑论证后也提了两个建议：第一，可以接受邀请；第二，要坚持到截止日期再接受。但我没能坚持到截止日期，因为 WISE 院长和为数不多的同事们都向我发出了热情的邀请，为我详细介绍情况，答疑解惑。洪永淼教授得知我老家是河南的，在邮件里告诉我厦门除了生活环境好，70% 的出租车司机都是河南人，而福建客家人历史上来自中原，连他自己的先祖也自河南迁来。这俨然成了"返乡动员"。就这样，我草草地在伦敦市场走马观花，在截止日期前两天就接受了邀请。

半年后，我如约来到了厦门这个阳光明媚的太阳岛，适逢学院举办国际会议忙作一团。我曾庆幸面试避开了的冼老师邀请我和同期来的同事吃饭，表示欢迎。席间发现冼老师聊起天来率性天真，给我的严肃印象一扫而光。但开学后就再也没见到冼老师，原来是已经离职，难得他在离开前还能如此照顾新来的同事。而我在办公室翻看到的一本会议手册是冼老师当年负责组织、带领行政人员精心编辑的，其精美细致程度，以后的会议手册无出其右。

我很快迎面收获了一大群学生和同事伙伴。当时学院只有七八个全职教师和几位行政人员，我们所有人聚在一起讨论和参与所有事情，纷纷以国外教育科研的标准来给 WISE 的发展规划蓝图。但我们很快发现，理想与现实的差距是在有限的

空间、资源和体制约束下，如何去、由谁去实践可能的路径，一步步尽快走向优化。尤其是我们这些初出茅庐的博士生，在研究瓶颈尚未突破的情况下，做起事情来总是纠结焦虑，常常需要在研究、教学和服务学院的工作中寻找平衡。每年夏天，当太阳岛上阳光正好，我却在苦恼自己研究缺乏进展、教学没有长进，拷问自己该如何调整，如何重新平衡。

2.My Way International Starting from Europe again （Or:Want to Immediately Shirk and Escape）国际化的千山万水（或曰：时时想当逃兵）

洪老师大概看出了我不抗压的特点，委任给我比较轻松的任务：负责欧洲联合硕士项目和交流，筹办 WISE 国际硕士。这些工作比起关乎 WISE 命脉的科研、硕博培养和那些相关负责同事的工作量来说真是小事一桩，于是我欣然受命。但渐渐地，问题也开始显现，我的脑子里不断冒出当逃兵的想法。

欧盟的联合硕士项目是由 7 所欧洲高校联合举办的"国际贸易与欧洲经济一体化"一年制硕士项目，每年学生经过三个不同成员学校三个

学期的学习，获欧盟"伊拉斯莫斯"项目认证和资金支持。项目发起人是比利时安特卫普大学的 Wim Meeusen 教授，他自结识洪老师后，就决意把厦大扩展为加盟单位，每年划拨两个欧盟全奖给 WISE 二年级硕士生，陆续惠及几位优秀学生，使他们得以在 WISE 读研期间取得两个硕士学位。2010 年我开始参与项目并讨论厦大正式成为联席单位。作为会员，要参加一年两次的项目会议。于是往返广州办签证，再飞到欧洲某校参会成为例行公务。如遇在捷克的会员学校开会，只能飞到北京办签证，凌晨 5 点去捷克使馆外排队候签。而经过繁琐的手续和漫长的旅行，开会期间会员单位的十多位教师和秘书聚在一起用一天半时间讨论确认的大小事项，在 WISE 是一个教务秘书很快就能做好的。此时，恰逢欧盟的认证到期，重新申请未获通过，我不禁怀疑：项目这么高昂的时间和人工成本值得么？可持续么？作为新人，我义正辞严地提出要提高效率、降低成本，提倡夏季会议采用视频。初来乍到，没有贡献就提要求，应该是令人讨厌的。但是，为我一个人举行的视频会议还是诞生了，夏天我在厦门的办公室面对另一端欧洲会议室里的合作伙伴开会。后来听说，由于我在第一次视频会议时准确叫出了每个人的名字，终于被大家当成了自己人。

认同感获得了，项目还是困难重重，不仅要重新向欧盟提交认证和资金申请，同时 Wim 被发现患了肌萎缩侧索硬化即渐冻症。大家在 Wim 的感召下认真准备材料，修改方案，挽救这个他创立和组织了十几年的项目。新方案中拟定厦门大学为重点院校，承办 2012、2013 两年的秋季学期，项目名称也改为"全球化与欧盟一体化"经济学硕士 (M.A. Economics of Globalization and European Integration，简称 EGEI)，并且引入了"中国经济"等特色课程。2012 年 7 月，就在厦大将第一次承担 EGEI 项目教学前不久传来喜讯，欧盟批准通过了 EGEI 的"伊拉斯莫斯"项目认证和资金支持，WISE 和厦大经院学生再次获得每年 1–2 名全奖攻读 EGEI 的名额，并且可以派出若干在校生免学费攻读学位。2013 年 2 月，在 WISE 刚承担完一个学期的教学、学生赴欧洲院校继续学习之旅时，EGEI 项目的灵魂人物 Wim 辞世，令人扼腕。

我曾经质疑联合项目的高昂成本和低效运作，但不得不承认，在 Wim 等成员理想主义光辉的引领下，高成本的另一面是对细节、对每位学生个体的关注，对学生集体跨越千山万水共同学习经历的关注。而学生对项目和群体也具有极高的认同感。

我这个时时想当逃兵的人，后来终于因为有了正宗欧洲特使、德国同事 Marcel 的接手而得以卸任。

3.Where Is Struggling Emma? 艾玛挣扎到哪儿去了？

如果说欧洲联合硕士项目属于间歇性困难，开办 WISE 国际硕士就是场持久的磨难。

2009 年秋季项目第一次招到 6 名国际硕士生，由于规模太小不能单独开班，课程选择要和其他学术型硕士或留学准备课程项目搭车，加上学生背景参差不齐，给教学和学生的学习都造成很大困难。我不免要做很多沟通工作，而学校的规章制度和通知又没有英文版，还必须花时间给学生翻译。2010 年招生人数增加了一倍多，学院配置了一名留学准备课程项目的秘书兼做国际项目秘书，我感到轻松了些。这名秘书英文名字是 Emma，对学生非常友善，但因身兼两个项目的高强度工作，经常难以顾及国际硕士的管理需求，有时国际生来投诉，我只得从中调解。可是 Emma 的工作压力仍在不断增加，到了春季学期，第一批国际生即将毕业时，她日渐憔悴，终于在 5 月初提出了辞职，在工作交接中完成了第一批学生的毕业答辩和晚宴。此时，学生都对她依依不舍，晚宴成了对毕业生和她的告别会，Emma 收到了一大堆礼物，礼物多到最后是国际生一起护送着帮她拿回家的。

Emma 离职后，新聘的一名留学准备课程项目秘书又兼任了国际硕士教务，我惊喜地发现她的英文名也是 Emma，开玩笑说这是跟国际硕士项目的缘分。新的 Emma 非常干练，办事迅速，我一度庆幸。期间，洪老师成为经济学院院长，两院尝试合作，将经院的国际项目也交由 WISE 统筹管理，以从两院整体上降低成本、提升效率。翌年，加上就要迎来第一次承办 EGEI 项目的秋季学期，我和 Emma 立刻感到了激增的压力。就在 9 月开学迎来了人数再次翻番的国际硕士生和 EGEI 项目 30 个学生的一周后，Emma 请辞了。在告别晚餐上，她告诉我本来暑假去了趟西藏旅行，感到化解了生活和工作的压力，找回了平静，但开学后却因为一点小事突然失去平衡，就像最后一根稻草压垮了骆驼，冲动之下提出了离职。

第一部分 心路雨花（教师篇）

　　我一边祝福 Emma 今后顺利，一边不得不应对着混乱不堪的局面。国际学生初来乍到，经常找不到北，急需各种辅助，欧洲合作者们也通过邮件、电话对 EGEI 学生在厦门学习、生活方面的诸多困难表示关切。我每天的状态是被各种意料中和意料外的问题找上门，能补救的补救，能沟通的沟通，实在不行就两个字——死扛。

　　熬过了一个月，学院新聘了一名秘书，我听闻她的英文名不是 Emma，是 Jenine，稍微松了口气，待第一次见面却难掩失望，撂下一句话就走了。我说："天啊，你这么瘦，能坚持多久哇？！"此时考虑到实际工作量，学院分配 Jenine 主要负责国际项目和交流，使她可以全力以赴提升这方面的工作。但加班对于 Jenine 仍然是家常便饭，除了做国际项目和交流相关的教务，她也像其他行政人员一样经常被分配做国际会议的组织工作。我这个夜猫子有时晚上十一点离开办公室，总是看见 Jenine 仍在加班。要知道教师早晨没课不需到校，而行政人员早上要准时上班打卡。每当此时，我心里总是惴惴不安，担心天空中飘着稻草，哪一根不经意就降临到 Jenine 身上……

　　没想到，这位出奇瘦小的 Jenine 也出奇能干，她拥有英国华威大学人力资源管理专业的硕士学位，英文水平很高，最后出色地坚持了下来。澳大利亚同事 Brett 接任国际硕士主管后，指导 Jenine 在暑假期间将以往零散的英文通知、信息、规定等搜集编纂成册，国际新生再入学时就有了一本详尽的指南，WISE 的国际硕士项目终于稳步走入正轨。

　　一个夏夜，我在办公室里听见敲门声，一位红裙女郎翩然而至，居然是久违的第一位 Emma，她此时面色红润、笑语如铃，告诉我她在福建省内其家乡某高校的管理部门任职。她说："牛老师，你知道吗？我在新单位工作第一年就获得学校优秀员工的称号！"我怔了一秒，哈哈大笑，她也笑红了脸补充道："多亏曾经在 WISE 的锻炼哟！"

　　4.Wolfgang Insists on the Stochastic Error 从偶然向必然的转化

　　尽管 WISE 初创时期困难重重，但仍然不断实现突破，稳步成长。许多看似偶然的机缘都促成 WISE 向更加国际化、高水平的教育研究机构转化。对许多国际合作者来说，虽然最初是偶然与 WISE 相遇，但很快就成了铁杆合伙人，不断推动和鞭策我们向上。这其中我必须提到德国洪堡大学统计学教授 Wolfgang Haerdle 和在他的推动下 WISE 与洪堡举办的中德联合博士项目。

我在柏林读经济管理硕士的最后一年，因为想修读一些统计学方面的课程为今后的博士学习打基础，曾蒙 Haerdle 教授关照，国际生办公室为我开了绿灯，在前一个学位还未完成时就把我注册到统计项目里。但我只修完了秋季三门统计课，在春季接到博科尼大学经济学博士项目的录取通知后，我便匆匆回国再次办理签证，结束了统计项目的学习。Haerdle 教授得知后很生气，而我在得知教授很生气后才意识到自己这种利己主义行为欠妥，心里充满歉意。没想到条条航线通鹭岛，在我来到 WISE 后，发现 Haerdle 教授早已"捷足先登"，与 WISE 定期举办联合学术会议。

2009 年夏天，Haerdle 教授再次来 WISE 暑期学校授课，接风晚餐时气赳赳地质问洪老师，大意是："说好的博士项目合作呢？说好的配合呢？你们的人怎么不参与工作，让我们洪堡孤身作战啊？"原来，他有意与 WISE 进一步合作，依托双方研究团队开办统计、计量学方向的国际博士项目，并争取德意志研究基金会的支持。于是第二天，我得到洪老师的指示，参与撰写方案和申请。我绞尽脑汁，花了四天功夫，以我有限的理解草拟了联合博士培养计划，后来成了正式方案的一部分。

但从方案设想到项目的通过施行，道路崎岖，首次方案提交未获通过，一度搁浅。可是 Haerdle 教授没有放弃，有一次他告诉我，当他刚刚进入统计学研究领域时，华人统计学家还很少，但在如今的国际统计学界，华人统计学家占了半壁江山，如果他要找合作伙伴，怎能不放眼中国？而 WISE 就是他寻找到的最好的目标。

2011 年秋季，Haerdle 教授带着首次方案的评估报告，像发怒的鹰一样俯冲到厦门，对迎接他的每位同事都大加鞭挞，批评我们消极。WISE 组织了当时所有计量统计学方向的同事与他座谈，商讨方案的改进。座谈中，在新加入的同事一一向 Haerdle 教授做了自我介绍后，他的目光慢慢变和缓，脸上的怒纹也开始向上弯曲，现出笑意。原来，新加盟的同事在研究背景和成果方面给了他很多惊喜，他立即着手将每一位同事的研究与已有方案进行衔接并做了补充。第二天恰逢中秋节，学院同事一起参加中秋宴，饭后举行厦门的中秋特色博饼活动，Haerdle 教授也兴高采烈地参加了。每次轮到他掷骰子他都全神贯注，当骰子落下，如果没有中奖，他就跃跃欲试等待下一轮，一旦中奖，他会乐得手舞足蹈，并兴奋地把奖品分给临近的同事。作为统计学家，当然懂得结果的随机性，但他全然忘我地要在偶然中实现必然，就像对联合博士项目的执着一般。

Haerdle 教授回到柏林，立即组织其研究所的研究人员和 WISE 的同事们按研究方向和课题结成几个小组，对每个课题组的方案和联合指导博士生的相关计划都进行了推敲和改进。在柏林同事的传帮带之下，WISE 的同事们也积极行动起来，终于在 2012 年秋季一举通过集体答辩，获得德意志研究基金会最高规格的国际合作支持，同时通过了中国教育部的联合审批。项目于 2013 年秋正式启动运转，现有博士生 20 名，双方即将联合招收第三届博士生，未来还期待从中产生经济学和统计学"双料博士"。

5.Women Intelligent in Statistics and Economics 经济学与统计学领域的知识女性

在 WISE 的时间久了，有些特点还得借局外人的眼光才能发现。2013 年与丹麦奥胡斯大学在厦门联合举办学术会议，对方派来一行七人，六位男士和一位女士，女士名叫玛利亚娜。会议午饭安排了工作餐，我担心大家午后困倦撑不到会议茶歇时喝咖啡，就陪同她们一起前往学院的咖啡厅。玛利亚娜边喝咖啡边若有所思地说："我喜欢 WISE 的氛围。"我笑着问："是喜欢亚热带自然环境吧？"她说："不，我指的是工作氛围，似乎是因为你们这里女性研究者多，我感觉很舒服。"我怔住了，的确，在参与会议主持和报告的 14 位 WISE 代表中，有八位经济学和统计学领域的女性，其中包括两名优秀的女博士生。在 WISE 的全职教师中女性也不少，约达 40%。据美国经济学会统计，美国在 2000–2010 年培养的新晋博士中女性比例约 33%，而美国经济学科教授中女性占比仅为 20%，我想欧洲的状况应该和美国相似甚或比例更低。

这或许说明 WISE 在招聘过程中不存在性别歧视，经过若干年的聘任和人员更迭恰好形成了现在的局面。后来，我也慢慢体悟到，作为女性，在这样的氛围中不会因性别感到学术研究的孤单，再加上女同事之间的轻松交流和互相鼓励，也有助于我们在教学科研中克服困难，不断和 WISE 共同成长。

6.The Wakening Idea that Shines Ever 教育与学术的薪火相传

WISE 的十年意味着什么？与之结缘的人们结的又是什么缘？

回国以后，经常发现过去不约而同到国外学习的同学、朋友也陆续回归，重新聚在北京、上海和东南沿海。这看似偶然的个体行为的相似性，体现的却是中国发展的大潮，而我们只是这股潮流中的一滴水。

来到 WISE 后，经常见到过去传闻中或书本中的人物来访，比如从 20 世纪 80 年代开始推动中国经济学教育的普林斯顿教授邹至庄，他曾主导福特基金会资助的、引进美国师资培养全国优秀经济学研究生的福特班，福特班在我的母校中国人民大学开办了十年，最后一班学生比我高一届，洪老师也曾是厦大选派的福特班学生之一。经常来 WISE 讲学的萧政教授也曾作为青年教师参与 20 世纪 80 年代起在中国大陆开始的计量经济学普及。近些年他们仍身体力行，对 WISE 和其他一些大陆高校的经济学发展支持不辍。我在 WISE 不仅获得了与这些大师前辈近距离接触的机会，也有幸在邹老师的指导下做研究，向萧老师请教问题，耳濡目染了他们严谨、勤勉的治学风范。

在这个背景下，WISE 最有趣的国际会议当属计量经济学方面的学术研讨会，因为总能聚集海内外几代知名计量学家，一些熟悉的姓名也从书本的定理检验中纷纷生动走来。而会议就像是学术意义上的奥林匹克，计量学家们在展示如何针对不同类型的经济问题分析推出"更快、更高、更强"的计量和检验方法。即便对我这个只关心应用的外行来说，也是一派精彩纷呈。而这些学者背后总是有着纵横交错的师承脉络与合作关系，呈现出一个研究领域波澜壮阔的历史画卷。

当我们来到 WISE 置身教学科研之中，也不啻是交汇于中国发展大趋势中经济学教育和学术领域一代又一代人不懈的薪火相传。

作者简介

牛霖琳，厦门大学王亚南经济研究院（WISE）副教授、院长助理。2008 年毕业于意大利博科尼大学，获经济学博士学位。

◎王学新

WISE：我学术生涯的起点

　　十年前，王亚南经济研究院（WISE）在厦门大学应运而生，应时而为。在这十年里，她以中国经济学教育和科研的国际化、现代化为己任，风雨兼程，春华秋实，已经成为一个与国际接轨的现代经济学教育和研究机构。而我适逢其时，有幸成为其中的一员。今年只是我在 WISE 工作的第三个年头，但在过去的十年里，我的人生境遇、学术轨迹却是同 WISE 的发展紧密地联系在一起的。在 WISE，我完成了我的经济学启蒙；在 WISE，我第一次参加国际学术会议、宣读学术论文；而毕业之后，WISE 又成为我学术生涯的起点。我个人的经历，就好像是一滴水，折射出 WISE 过去 10 年的光辉。

启蒙之旅

　　我与 WISE 的缘分，始于 2005 年 WISE 举办的计量经济学国际培训班。2005 年，是我在复旦大学修读世界经济专业硕士研究生的第二年，也正是需要选择人生方向的关口。身在金融中心的上海，找到好工作的机会是比较多的，身边同学讨论的也都是同一话题，但我心中却存留着追求学术的梦想。说来也是机缘巧合，一次我在浏览人大经济论坛时，看到了计量经济学国际培训班的招生简章。由于我本科是理工科背景出身，数理基础较好，而在经济学的各领域中，我又对计量经济学的兴趣最大。不过，那时中国高校的经济学教育还没有与国际接轨，我学到的计量经济学知识仅仅是一点皮毛。而这次培训班的招生对象是全国各高校的教师和硕士、博士研究生，主讲老师是计量经济学界的顶尖学者，包括香港科技大学经济学系教授陈松年，克拉克奖得主、麻省理工学院经济学系教授 Jerry Hausman，南加州大学经济学系教授、计量经济学国际核心期刊《计量经济学学报》主编、台湾地区"中央研究院院士"萧政，台湾地区"中央研究院院士"、经济研究所特聘研究员兼所长管中闵。抱着试一试的态度，我递交了申请材料。记得收到录取通知时，我心中兴奋不已，翘首以待。盛夏时节，我终于踏上南下的火车，一路青山绿水相伴，来到美丽的鹭岛厦门。

培训班的地点是在厦门国家会计学院举行，偌大的报告厅座无虚席，来自全国各地高校的老师、学生犹如迈进了计量经济学的圣殿，认真聆听各位海外教授的教诲。在这里，我第一次接触到了洪永淼教授。那时，洪老师几乎是以一己之力来组织这次国际培训班，在会场里，事无巨细，到处可以看到他忙碌的身影。在教授们上课的时候，他就坐在第一排认真听讲，不时做着笔记。现在回想起来，当时具体的课程内容，已从记忆中淡去，但我感受到的学术的力量却在潜滋暗长，其引力场也不断增强。通过这次培训，我的人生方向变得十分明确，在接下来申请出国留学的过程中，我的偏好目标全部是计量经济学比较强的博士项目。最终，我选择了以计量经济学见长的西班牙马德里卡洛斯三世大学经济系。

2006 年，WISE 计量经济学国际培训班升级为全国计量经济学与金融计量学研究生暑期学校，时间更长，规格更高，不仅聘请海内外顶尖的知名专家、学者来担任主讲老师，还为正式学员提供免费住宿和伙食补贴、发放免费教材和讲义等学习资料、免收学杂费，并为西部地区学员提供相应的优惠条件。我也有幸被这次暑期学校录取，无奈由于正在准备办理出国签证的手续，时间上有冲突，只能很遗憾地与它失之交臂。

在过去的十年里，WISE 自己培养了很多活跃在学术界的毕业生。

而暑期学校这种形式，肯定也吸引了一批又一批像我这样的年轻人走进现代经济学的殿堂，并改变了许多学子的人生轨迹。偶然有一次，我同管中闵教授聊起 WISE 暑期学校的影响，他说他去国外大学的经济系访问时，发现很多中国学生都认识他，因为他们都曾参加过他授课的 WISE 暑期学校。其外部正效应，由此可见一斑。

新莺初啼

在经济学研究过程中，参加学术会议、宣读工作论文、听取他人意见，是完善论文、修改错误的一个重要途径，同时也是认识同行、开阔眼界的一条重要渠道。在我的学术生涯中，第一次参加的学术会议是 2010 年 6 月 24 日至 25 日由 WISE 举办的"计量经济学模型设定检验 30 周年国际研讨会"。与会学者包括麻省理工学院教授 Jerry Hausman、美国加州大学圣地亚哥分校教授 Halbert White、美国麻省理工大学教授 Whitney Newey 等国际计量经济学的领军人物。能在一次学术会议上聚集这么多的知名学者，足见 WISE 在学术交流上的高规格和高层次。这个会议的主题恰与我在博士阶段所做的一篇论文相切合。能够在这么多的知名教授、学者面前宣读自己的论文，对我而言本身就是一种肯定和荣耀。论文被该会议接收，于是我第二次来到 WISE。WISE 对与会者提供全方位的服务：到机场就有学生志愿者接站，有专车送到宾馆，会议结束后又有专车送到机场，这着实让我这个学生受宠若惊。殊不知，这也是 WISE 的传统，从开始一直延续到现在。

根据会议的议程，我的论文被安排在第二天的上午。记得会场是在经济楼 D 栋的大教室，台下坐满了教授和学者，每位报告者有 20 分钟的报告时间。站在台上，我只觉得时间流逝得飞快。在我做完报告后，有几位教授给了我正面的反馈，这使我对自己的论文信心大增。这篇论文后来也成为我用来找工作的 Job Market Paper。

这次会议只是 WISE 举办的众多学术会议中的一个，WISE 每年都会举办各种不同类型的学术会议，吸引世界各地的专家、学者来到厦门，现在 WISE 已经成为中国经济学学术交流的一个重要基地。

情归 WISE

WISE 在我人生的道路上扮演着重要的角色，也正是由于这份机缘，当 WISE 向我伸出橄榄枝时，我不假思索地就接受了这个邀约。2012 年 9 月，我正式成为 WISE 的一员，与志同道合的同事们一起奋斗。这里是我经济学梦想开始的地方，这里也将会是我续写梦想新篇章的地方。

十年发展，十年嬗变。在中国经济社会急剧变革发展的时代，我相信，WISE 的明天必将更加灿烂辉煌！

✒ 作者简介

王学新，厦门大学王亚南经济研究院（WISE）助理教授。复旦大学经济学硕士，西班牙马德里卡洛斯三世大学经济学博士。

◎杨志勇

读书忆 WISE

——洪永森教授《中国经济学教育转型——厦大故事》读后

据说，在集体照上找厦大校友，最快捷的办法是到最后一排找。这大约是厦大个性低调的集中表现。互联网时代的到来，好酒仍怕巷子深。埋没在网络深处，仍然会是"养在深闺人未识"。厦大王亚南经济研究院（WISE）在短短十年里，已成为中国经济学教育的一面旗帜，相当不容易。读了洪永森教授的著作《中国经济学教育转型——厦大故事》（厦门大学出版社 2014 年版），我同步感受着其中的点点滴滴。思绪将我带回到十年前的厦大。读书之际，我还在享受在厦大经济学教育地位回升的荣耀。

洪老师的书让我全方位感受了 WISE 的成长与厦大经济学院（The School of Economics，简称 SOE，这也是国有企业的英文缩写，不知这个缩写除了可以避免 SE 所带来的域名误会之外，还有没有经济学院作为类似于改革对象"国有企业"的意思）的转型。作为一名曾经在厦大学习、工作了十二年之久并自认将一生中最好的年华留在了那里的校友，WISE 和 SOE 的一举一动，都会牵动着我的心。洪老师的书从自己为什么选择到厦大工作写起，说到我的博士生导师张馨教授将洪老师的玩笑当真，向朱崇实校长推荐，并最终促成他回厦大工作的往事。这个故事背后有深深的校友亲情，有厦大校友的拳拳报校之心。我以为，厦大校友成为国际著名经济学家的数量虽然远小于其他学校，但为母校经济学教育转型做出贡献的程度一点也不亚于其他学校。厦大之所以为厦大，与校主陈嘉庚倾资办学并感染了一代又一代的厦大人有密切的关系。厦大人懂得报恩，滴水之恩，当涌泉相报。这种报恩精神正一代代传下去。不管以后厦大经济学教育会如何，在转型时期，如果没有校友洪永森教授的贡献，我们很难想象，转型会这么迅速、这么有效。

洪老师回到厦大创办 WISE，绝非一帆风顺。在 SOE 之外再成立 WISE，且要动用本来可以用于 SOE 的巨额资源，不可能没有阻力。但是，校方顶住了压力，更重要的是，经济学院也一直有一股力量在支持 WISE 探索。洪老师特别注意用行动来回答可能性的质疑。WISE 一直坚持高标准，选择了有比较优势的突破口——计量经济学，占领学术高地，构建良好学术生态，表明 WISE 的探索卓有成效。现在，只要提起 WISE，但凡对中国经济学教育略有了解的人，都会说那里的学生很厉害，单计量经济学课程就要学很多门，许多课本还都是英文原版的。经过"魔鬼训练营"的学生恐怕也就是笑笑而已。正确的战略，可以为持久的发展争取时间。现在 WISE 和 SOE 的融合程度在不断提高，你中有我，我中有你，恐怕再也难分离。厦大经济学教育水平也随之上了一大台阶。

洪老师的书讲了很多故事，其实，还有很多很多幕后故事值得说说。每本书背后都有不为人知的秘密，那些秘密就变成了回忆中的趣事。可惜，有的趣事就是在事后十年，都无法公开。不过，我还是愿意揭开书中的一些小秘密。

你知道洪老师的老师的老师（即学术上的"师爷"）Jerry Hausman 在鼓浪屿上待的时间很短吗？因为他可能对那里的建筑太熟悉了。你知道耶鲁大学的 Peter Phillips 喜欢中国禅吗？他第一次到厦门就去厦大一位书画家那里看画。你知道 WISE 第一批正式聘请的海外师资齐豪教授是怎么记人的吗？第一届的学生应该印象深刻。就是照片加姓名，很简单，但很有效。

洪老师在书中说到厦大财政系当时已在发展劳动经济学，计划统计系也有教授写了《实验经济学》，但学科发展比较缓慢。可是，你知道致力于劳动经济学的吴碧英教授和写实验经济学教材的高鸿桢教授是夫妇吗？你知道书中 108 页这一有代表意义的页码上的两张照片拍摄者是谁吗？正是笔者本人。当时是我和时任金融系的教授杜朝运一起接待了他们。你知道 2005 年第一期计量经济学暑期学校中直接负责行政组织工作的只有洪老师、陈光副院长（经济学院负责行政事务的副院长）、张虹和我四个人吗？

其实，可以解密的事很多。我没有正式在 WISE 上过课，只是因缘际会，和 WISE 有了一段缘分，参与了 WISE 创办前后的一些具体工作，也曾以 WISE 院长助理的身份为 WISE 做事，参与了 WISE 第一届和第二届研究生的部分招生录取工作，和金融系朱孟楠、杜朝运两位教授一起主持了早期的海外经济学系列讲座工作，当然还有其他一些杂事。我认真读着洪老师的书，但未见我的名字。于是，我知道，这些事不值得一提。

洪老师的书再版时可作些改进（这本书一定有多次再版机会）：第一，更正错误，诸如 109 页提到的首批经济学院（实际上即财政系和金融系）的四位教师的姓名，其中有两位名字错了（拼音对），正确姓名是：郭晔、黄伟彬、林海、魏立萍；第二，将黑白印刷改为彩色印刷，那样厦大的魅力才可以让更多人体会到，洪老师叙事的图片证据才可以更清晰、更感人。

读洪老师的书，总是让我回到为 WISE 服务的短暂时光，萧政老师、管中闵老师、范剑青老师、蔡宗武老师……名师云集，WISE 不可能没有辉煌的未来。祝福 WISE！祝愿厦大的经济学科有更美好的未来！

作者简介

杨志勇，1999 年毕业于厦门大学财政金融系，获经济学博士学位，后留系任教至 2005 年。2006 年至今任中国社会科学院研究员。现为中国社会科学院财经战略研究院学位委员会副主任、财政研究室主任，中国社会科学院研究生院教授、财经系主任，中国社会科学院财政税收研究中心副主任（执行），中国财政学会副秘书长。

◎ 张兴祥

丙午感怀并贺亚南院建院十周年

十年砥砺出征尘，丙午花开又一春。
老树苍苍怀旧影，小园屡屡变新人。
西风入夜因其劲，东土随缘验此真。
功过千秋谁与论？平芜尽处两昆仑。

作者简介

张兴祥，厦门大学经济学院经济学系副教授，文学硕士，经济学博士，2012-2013 年美国康奈尔大学访问学者。

第一部分　心路雨花（教师篇）

第二部分

钢铸之盾

（行政技术人员篇）

◎鲍未平

十年，我们一路走来

十年，对于漫长的历史长河而言，只是短暂的一瞬间。十年，可以抹灭许多事，也可以成就许多事。十年，可以被时代的潮流淹没，也可以在激流中搏击前行。

十年，虽短暂，但对 WISE，却是从诞生到发展，不断壮大和不断成熟的十年；十年，WISE 筚路蓝缕，风雨兼程，精彩纷呈；十年，WISE 人（WISER）的努力和付出，终于开花结果，成就当下；十年，WISE 披荆斩棘，激流勇进，坚持不懈，止于至善，站在了时代潮流的浪尖上。

WISE 是一颗国际化的种子，2005 年播下之初就肩负着厦门大学经济学科国际化的使命。十年来，它生根、发芽、成长，不失其本，不忘初衷，坚持走在国际化的道路上。十年，海归师资规模壮大，全英文授课贯彻始终，覆盖本、硕、博三个层次；高水平国际会议、高频率学术讲座搭建交流平台，名家荟萃，学者云集，有效营造国际化氛围；源源不断输送学子到海外深造，助其登堂入室，育人之树常青。十年坚持，十年探索，十年磨砺，十年积淀，十年成长，十年收获，如今，国际化已成为 WISE 的招牌，WISE 已成为厦大的名片，也成为 WISER 的骄傲。

十年，我们一路走来，携手同行。老师们传道解惑，诲人不倦。行政技术人员一丝不苟，兢兢业业。学生们孜孜不倦，求知若渴。大家的

戮力同心，共同努力，成就了今天的 WISE。一起走过是种缘分，一起憧憬是种幸福，在 WISE 的十年发展史上，我们留下了不同的印记，而 WISE 已深深植根于每个人的心中。

十年，我们一路走来，风雨同舟，共同成长。不管经历过成功还是失败，顺利抑或挫折，开心还是郁闷，都将得到收获与成长。求同存异，和谐共进，只要目标一致，我们就将合力前行。

今朝同庆十年，明日共筑未来。十年磨砺，WISE 已站在一个更高的起点上，尽管未来充满未知和挑战，但我们有信心、有条件、有热情、有能力去继续创建未来十年的辉煌。未来，我们将擘划鸿图，谱写新篇。

作者简介

鲍未平，2006 年本科毕业于中南财经大学信息学院统计系。2008 年硕士毕业于山东大学经济研究院（中心），同年入职厦门大学王亚南经济研究院（WISE），2011 年起担任办公室副主任。

◎邓晶晶

结缘 WISE：一期一会，世当珍惜

人生中有很多的偶然与巧合，恰是这些不经意间的相遇，一点一滴引领着我们成就未知的明天。在这期间，我们何其幸运，能遇到那么些人和事，得以熏陶，得以成长，得以奋斗一生而无怨无悔。

与 WISE 的结缘，是在六年前一个夏花灿烂的季节。缘于偶然，却似冥冥中注定的相遇，自此伴其成长，与其共勉。这六年间，通过 WISE，遇到了很多的人和事，不论是求知若渴的莘莘学子，还是虚怀若谷的经济名家，抑或是认真严谨的工作伙伴，大家身上所展现的专注与毅力都深深地烙印在了我的灵魂深处。

来到 WISE 之前，两年的记者经验让我有机会接触并了解了很多知名的企业与公司，但首次与 WISE 相遇就被它吸引，不是因为别的，而是因为它所承载的梦想和它所展现的专业。在被誉为"南方之强"的厦门大学，一场推动中国经济学教育与研究国际化的征程正在酝酿，正在发酵，或许过程并不是如此的惊心动魄，但是这场改革的脚步行走得铿锵有力。它让我们看见了中国经济学的希望，它让我们懂得了恒心与毅力

第二部分 钢铸之盾（行政技术人员篇）

足以成就任何事业。

如今，WISE 从设计、萌芽、诞生到成长经历了十年光阴，我们何其有幸，见证了一个经济学教育特区的成长；我们何其荣幸，协助这场育人接力得以延绵；我们何其庆幸，国际化育人不再只停留在概念上。

如果你因巧合结缘 WISE，请全心品味它的与众不同，若世间万事真是一期一会，那么这一次的相遇定会让你长留心间，铭心刻骨，乃至为其奋斗。

作者简介

邓晶晶，2007 年毕业于厦门大学新闻传播系国际新闻专业，曾任商务部《国际商报》厦门记者站记者，2009 年 7 月至今任厦门大学王亚南经济研究院（WISE）宣传主管。

◎ 黄诗娴

在历练中触摸 WISE 的精神血脉

入职初体验

2013 年 6 月，刚从香港硕士毕业的我，背着行囊，回到曾经学习、生活过的厦门，一心想着找一份专业对口的媒体工作。由于香港的毕业时间与内地高校不同，回到厦门时，我已错过了媒体招聘的高峰期。偶然看到 WISE 的招聘信息，当时并不抱有太多信心，我尝试着投了简历。印象很深的是第二轮面试，洪永森老师亲自把关，他问了我所学的专业和我曾经的实习经历，得悉我先后念过新闻系和中文系，并且在一些媒体有过不少实习经验，就对我说，我们这里也需要你这种专业和经历的人。于是，我幸运地被录取进 WISE。回想起来，真是特别庆幸，也深感缘分的奇妙，因为在入职一个多星期后，我原本非常心仪的一家媒体就向我抛出了橄榄枝。如果这橄榄枝早点降临到我头上，我恐怕就要与 WISE 失之交臂了。

刚进 WISE，我的第一个任务是协助洪老师所撰的《中国经济学教育转型——厦大故事》一书的手稿整理以及图片搜集工作。正是这份工作，给了我入职后第一个学习和成长的机会。搜集图片前，洪老师把 1982 年经济学院建院以来和 2005 年 WISE 建院以来的重要事件详细告诉了我，他希望尽可能把历史上的重要时刻以图片的形式反映出来。为了找到这些珍贵的照片，我找了很多对院史很了解的同事，从交谈中慢慢增进对厦大经济学科发展历史的了解。至于与厦大历史相关的照片，我则跑到学校档案馆、图书馆查阅和翻拍，这个过程就像根据藏宝图一路按图索骥，然后一个个"逮"住，那感觉真是妙不可言。

洪老师是一个精益求精的学者。写作这本书时，洪老师先列出了书的目录，虽然他人在美国并且教学与行政事务非常繁忙，但他一有时间就口述内容或写手稿，之后发给我。美国东部和中国的时差有十二三个小时，他夜晚发来材料，我收到时正好是早晨，然后我就帮他进行文字编辑工作，一天下来把整理好的文稿发回给洪老师，他再开始修改。洪老师不厌其烦地对书稿进行一遍又一遍的修改，小到标点符号、一个字、一个词语的斟酌，大至整个段落甚至整个章节结构的大幅修改。对于每个细节、每张配图的使用，他也是几经斟酌，多番推敲。他的这种一丝不苟的工作态度，对刚毕业走上工作岗位的我来说，产生了很大的触动和影响。尽管 WISE 的前 8 年，我没有参与其中，但透过书中厦大经济学科十年来改革的点点滴滴，我看到了 WISE 的发展历程。我怀着坚定的决心，暗暗告诉自己，要好好珍惜在 WISE 的工作。

协助洪老师写书的这半年，对我个人后来的工作帮助非常大。首先，我在短时间内系统地了解了 WISE 的历史和文化，为我今后从事学院宣传工作奠定了良好的基础。其次，跟着洪老师做事，我的工作态度受到了深刻的影响。洪老师是个"工作狂"，毫不夸张地说他是我见过的最"狂"的人。那时，美国时间凌晨四五点他还在线上工作，只为配合我们国内同事的上班时间以处理公务；他会认真帮我们修改发布在学院网站上的新闻稿，小到标点符号也不放过；他会认真布置经济楼的一草一木和每一个细节；他会手把手教我们怎么把一件小事做到尽善尽美，滴水不漏……这种工作态度和敬业精神，是我非常钦佩的，它深深地感染着我，鼓舞着我。

我必须打心眼里感谢的是，WISE 把我们安排到了真正适合自己的岗位上。一方面，考虑到我所学的专业和之前的实习经历，学院让我担任宣传秘书，主要负责学院网站、微信平台的管理和维护，以及学院日常的新闻报道、媒体联系等工作，而我之前压根儿没想到进了学校还能做与自己专业相关的工作。另一方面，学院领导在详细了解我在香港读书以及大学时期曾在台湾交流学习的经历后，认为我比较熟悉港台文化，于是就让我负责台港澳博士班的工作。这个班级是厦大全校范围内规模最大的台港澳在职博士班，目前已有超过70位来自台湾、香港、澳门的业界精英就读其中。他们具有丰富的业界经验和人生阅历，在工作中经常给我启发，跟他们在一起也经常让我感觉自己并没有离开这两个我曾经生活过并且留恋的地方。另外，我自己喜欢艺术，大学时期花费了很多课余时间在艺术团工作，但到了硕士阶段却因学业繁忙而停顿了下来。WISE鼓励我们发挥自己的特长，学院专门在经济楼N座6楼设了一间教工活动室供我们排练文艺节目，学校和学院组织的各类活动和晚会都鼓励我们上台表演，这也在很大程度上丰富了我们工作之余的生活。可以说，WISE看到了我们每位员工的优势和特点，量才器使，因材施用，鼓励我们发挥专长，这一点让我很快就喜欢上了在这里工作。

两度彻夜奋战

2014年7月16日，厦门大学两岸关系和平发展协同创新中心接受教育部评估检查。中心的两岸经济一体化研究与实践平台设在经济学科，该平台在检查中也要进行成果展示。在7月14日下午的第二轮预演中，朱崇实校长在看完我们的成果展示后，向我们提出了建议，他认为，我们原本使用的视频播放成果的方法效果欠佳，建议我们换个展示方式。此外，他还建议我们补充一些相关材料。14日晚，我们对朱校长的建议要点作了梳理总结。次日中午，洪老师组织开会讨论，就展示的形式、内容都讨论了新的方案，确定了使用展板进行展示，并按照学科建设、创新团队、人才培养等7个板块全部重新整理材料。也就是说，在半天时间内我们需要做完总共不少于7个板块的文字和图片成果资料，这对我们来说是个不小的挑战。当天下午，我和崔庆炜老师分工，开始整理材料，而钟锃光、郑旭、刘必清三位技术老师开始设计展板的底板，我们整理完一部分内容，他们就马上制作成展板。

到了 15 日深夜 1 点多，我们完成了前 6 个板块共 11 个大展板的文字、图片内容以及排版设计。我们把先做完的展板发给洪老师，本来只是想让他次日一早可以提前熟悉材料，以便更好地向评估小组介绍成果，没想到他那时竟也还没休息，一看完材料就立刻打电话过来，告诉我有几个地方必须进行改动，以便使材料更清晰明了。此时我们接到学校通知，学院凌晨 2 点半起要停电检修，这对我们来说无疑是"雪上加霜"。得知停电消息后，洪老师给我发了条手机短信："能来得及吗？"我回复："可以的！相信我们！"回想起来，一定是当时一起奋战的四个同伴给了我勇气，我才充满信心。我们 5 个人在 N207 技术办公室继续埋头苦干，直到 2 点半"黑暗"即将降临时，我们随时做好搬着电脑主机去印刷厂继续修改的准备。所幸天赐天机，居然没有停电！我们个个欣喜若狂，信心倍增。直到凌晨 3 点半，我们才完成了所有修改工作和最后一个板块的内容，随后立刻把材料送到印刷厂印刷。

第二天上午，评估小组如期而至，13 块内容丰富、排版清晰的展板令评估小组和校领导眼前一亮。检查过程非常顺利，结束后朱校长对我们竖起了大拇指，其他部处领导也对我们称赞有加。我们在非常短促的时间内完成了看似不可能完成的任务，尽管如此，细心的洪老师还是在评估小组检查前发现了展板内容中的一个错别字，后来我们临时用打印纸打印贴上，才将那个错别字"消灭"掉。这件事也让我们意识到，做事要做得又快又好，不仅要有最高的效率，而且也要确保产出最好的成品。

今年 3 月底，我又有另一次类似的经历。2015 年 3 月 29 日，经济学科在福州举办首届中国（福建）自贸区建设与发展高端论坛，由于会场前一天晚上还有其他活动，所以布场工作从当晚 9 点多才开始，一直持续到凌晨。我们一遍遍地预演每个环节，待把所有地方布置好，又梳理了一遍分工后，时间已经接近凌晨 4 点。同事们陆续回去休息，几位同事继续做最后的细节确认，连续工作了 20 个小时的我们，有的直接躺在沙发上甚至会场的地板上睡着了。最后，等 WISE 办公室主任余安旖老师在早上 5 点半左右确认会场里外全部布置完毕后，我们才一起安心地离开会场。回到饭店，我们只有一个小时的休息时间，29 日上午

6点半，我们又动身回到会场，为论坛开幕做好各种准备工作。论坛结束后，我对郑旭说，我们也算真正的"患难之交"了，因为上面提到的熬夜做协创中心材料以及这次论坛布场，我们两个人都参与其中，颇有一种"战友"的意味。也正是有了这样的共同经历，同事之间互相信任、互相依靠、互相帮助，才让WISE有着特别强的凝聚力和战斗力。彻夜奋战的难忘经历，让我们回想起来依然觉得激情澎湃，心潮起伏。

"最有战斗力的队伍"

在厦大校园里，WISE的管理严格是出了名的。WISE的行政人员，迟到将被记录在案，作为绩效考评的重要依据。大家总是尽最大的努力、想方设法赶在上班时间点按上指纹。WISE的行政人员每天必须写工作日志，以便相关分管领导可以及时掌握每个人的工作量和工作进度，合理分配和安排工作。至于请假，也有标准的请假规定和流程，以便进行规范化管理。WISE为我们每人配备了一部与办公室座机相连的手机，目的是便于在工作日晚上或者周末时间段联系。由于工作需要，WISE的同事们也养成了在正常工作日晚上以及周末时间迅速回复邮件的好习惯。

除了严格的制度管理，WISE的工作压力也不小。WISE为数不多的行政人员要承担大量的学术会议、教务、行政、社会服务等工作。我们不仅要做日常的工作，更有一些紧急任务或专门任务需要处理，每位行政人员都要学习独立承担高规格的国际学术会议的所有会务工作，都要身兼数职、一专多能，这是WISE对我们的要求。刚到WISE工作的时候，有些同事一时还不能适应这样的工作氛围，心中可能都会有些想法。后来我们才慢慢体会到，正是这样严格的管理、高强度的工作量和快节奏的工作环境，才锤炼出一批能力超强的行政人员。很多来WISE参会的学者，都对我们表示感慨和赞扬。当然，这是一种日积月累的历练，我们的工作效率、专业素养、敬业精神和服务精神是在一天天的磨练、学习和雕琢中逐渐养成的，并最终成长为一支"最有战斗力的队伍"，这也成为WISE的重要文化之一。

在WISE工作了一年半，回过头看，在"亚历山大"之下，我们表现出最大限度的能耐，在这样的工作氛围中，怀抱职业理想、努力挑战自己且心怀梦想的我们，找到了一片共同的天地。在 WISE，或者说在厦大经济学科工作，我感觉自己在做很有意义的工作。放到一定的高度上，可以这么说，在中国经济学教育改革的道路上，在新一代海归经济学者努力推动中国经济教育发展的征程中，我们这些年轻的"小海归"，也在自己的岗位上，挥洒汗水，释放青春，通过一点点不太起眼的努力，给予最坚实的后盾和保障。虽然有批评、有磨合、有困难，甚至有时候工作累到哭，但还是得到了理解、信任和肯定。很庆幸一毕业就加入了这支厦大乃至中国高校最优秀的行政队伍之一，这一年多时间内遇到的人和事，知人善任的伯乐、学识渊博的学者、勤奋好学的学生以及并肩作战的同事，都让我无比感动和感恩。

感谢 WISE，让我学会了努力去做更好的自己，让我学会了义无反顾去拼搏的敬业精神，这对我来说将终身受用。

作者简介

黄诗娴，2013 年 8 月获香港浸会大学文学硕士学位，2013 年 9 月至今担任厦门大学王亚南经济研究院（WISE）宣传秘书、台港澳博士项目教学秘书。

◎ 刘彦

长风破浪会有时，直挂云帆济沧海

几天前，得知 WISE 在征集建院十周年的文稿，心里不禁惴惴不安起来。对于一个和计算机打了 10 年交道、基本没有写过中文文章的小程序员来说，现在写起中文来可能还不如用脚本语言写得顺畅。因此一直搁到现在，迟迟无从下笔。

我是 2014 年 5 月加入 WISE 的，在学院众多前辈面前，只能算是一个准新人。说起这次工作变换，其实非常偶然。庆幸的是，我幸运地抓住了这个偶然的机会。

第一次看到 WISE 这个名称，大概是在 2014 年的 3 月，当时我刚辞去惠普公司在福建的销售职位。如果不出什么差错，我接下去应该会加入一家福建的路由器生产企业，同样是做福建省的销售代表。备选方案是另一家台湾的 IT 产品分销商。那时候我正在家里等对方公司走人事流程。流程并不顺利，人事部当时没有这个招工名额，用人部门的经理一直在与人事部协商。于是，在百无聊赖中我打开了厦门人才网，看到了 EDP 中心的销售人员招聘启事。当时我心里很好奇，一个学院为什么要招聘销售人员？于是抱着了解一下的心态，我报名参加了面试。

第一次面试很顺利，面试中发现之前在惠普当销售代表时拜访过的钟锃光老师居然也在面试官里，不过当时他并没认出我。到了第二次面试，我见到了洪永淼教授。

洪老师给我的第一印象是带有很浓的学者气质，而且态度很亲切，

第二部分　钢铸之盾（行政技术人员篇）

说话也很随和、实在。当时的面试，大部分时间我都在充当听众的角色，听洪老师对 WISE 将来的规划，以及他对我们员工的期望。5月12日，我正式到岗上班。这将是我一生难忘的日子，因为我加入了一个我为之自豪的组织，开始了一份全新的工作。接下去，我和大家分享一下我在 WISE 工作这些日子来的感想，同时也拿以前工作过的公司做个比较。

记得第一次见到洪老师时，洪老师跟我说，WISE 的工作压力很大，要求很严格。我当时心里颇不以为然，心想学校的压力再大，怎么能大得过一切以结果为导向的外企销售部门？工作了一段时间之后，我才发现其实我错了。在 WISE 工作，不仅工作强度大，而且对个人综合素质的要求也高于外企。在这种环境中锻炼出来的员工，今后如果再到社会上，那都将是百里挑一的。

首先说说工作强度。最早让我深有体会的一件事情，发生在我到岗大约一周之后。当时我还坐在办公室里面翻看 EDP 的资料，等着我的名片印出来后再去拜访客户。接着就收到通知，说洪老师要开视频会议。当时大概是中午一点，如果换算成洪老师所在的美国时间，应该是晚上12点左右。晚上12点开会，在我之前工作的戴尔公司和惠普公司其实也不是什么奇怪的事情，毕竟跨国公司各部门间总有时区上的差别需要互相体谅。但是后来的一个细节让我发现两者还是有区别的。开会期间，洪老师家里的电话响了几次，按理来说，一般是不会半夜往别人家里打电话的，这说明院长工作到午夜已是常态，才会有那么多人在12点还往家里打电话。院长如此，员工更不必说了。后来的经历，也证实了这点。在 WISE，加班加点是很正常的。我们部门团队里的员工，除了平时周一到周五的正常工作外，周末有班级上课的班主任助理还需要全程带班，做好各种服务工作。事情既多且细，不能出一丝差错。有的班主任助理，由于同时带了几个班，还出现过连续几星期没有休息的情况。除了带班和班级教务，他们还要经常参加学员的各种活动，协助同学会、俱乐部的各种事务，并背负着招生的压力。可以说，他们的大部分时间，都奉献给了学员和中心。我们负责宣传和教务的员工，虽然日常事务非常繁重，但是从发布的新闻稿可以看出，每篇稿子的质量都在不断提升，说明我们的员工并没有因为繁重的工作而对质量有所妥协。

虽然工作压力大，但也成就了我们团队成员良好的综合素质。从长远意义来说，这是非常难得的工作机会。同样拿我在外企的工作经历来做比较。在外企，每个人的分工非常明确，负责的区域很小，因此效率很高，不会发生推诿之类的事情。企业招聘新员工也较容易，仅需针对需求点招工，但是这对员工来说是很不利的。当时离开 DELL 的重要原因，就是我突然发现，如果在 DELL 做到 40 岁，出来后我很可能就找不到工作了。但是在 WISE 不同，我们的员工从协调能力、组织能力到销售技巧、待人接物等各方面都能得到全面的锻炼，我相信，假以时日，他们都将是独当一面的人才。高度的责任心和团队间的紧密合作，同样能使我们的部门高效运转。

除了我们优秀的团队，经济学院和 WISE 的领导和老师们对我们的支持也可以称得上不遗余力。虽然 EDP 部门只是经济学院和王亚南经济研究院中很小的一部分，但是洪老师同样在这个部门上倾注了大量的心血。几位副院长、教指委的老师、学院各系的老师，在我们需要帮忙的时候都给予了我们大量的帮助。他们从来不吝啬自己的时间，给予我们各种指导，并参加 EDP 中心学员的各种活动，为的只是我们能更好地开展工作。宽容与支持，是我在 WISE 工作时最经常体会到的两个词语。

有这么好的工作环境和优秀的团队，我绝对有理由相信，WISE 以及 EDP 中心会越办越好。就算遇到困难，相信我们也一定可以克服，并一直走下去。祝愿 WISE 的下一个十年更加美好！

作者简介

刘彦，2002 年毕业于厦门大学机电系，2002-2012 年任戴尔公司企业级产品诊断工程师，2012 年底 -2014 年 2 月任惠普公司关键业务服务器福建省销售代表，2014 年 5 月至今任厦门大学经济学院 EDP 中心副主任。

◎许有淑

亚南高一节　韶华正十年

十年，人类历史长河的一个瞬间，一个国家的两个五年计划，一个人的美好童年，一个学院的豆蔻华年。

十年，一个学院，经历了从一个人单枪匹马到近百人团队、从学生寥寥到学子上千、从课题缺失到经费千万、从默默无闻到学界标杆的转变。

十年，我们为了一个共同的梦想，参与了一次次试验，见证了一步步稳健，欢喜着 WISE 的茁壮成长，期盼着 WISE 的朝阳明天。

结缘篇

2005 年夏天，我有幸作为 WISE 首届暑期学校学员，参加了当年的暑期学校，领略了 Jerry Hausman 等国际大师的风采，我被 WISE 国际研究机构的定位强烈吸引着，用现在学生的话来说就是"惊呆了"！同年秋天，我作为山东大学的一名交换生来到 WISE。报到时，我受到当时唯一一位行政人员的热情接待，她就是后来和我成为同事的张虹老师。交流结束后的 2006 年 7 月，我以行政人员的身份入职 WISE，正式成为 WISE 的一员。屈指算来，我还是 WISE 年轻辈的"元老"之一呢！

缘分就这样开始了！我常常回忆这段经历，觉得这真是一件很神奇的事儿！如果不是因为那个暑期学校，如果不是碰到热情周到的张虹老师，如果不是因为觉得讲座很棒，也许……但事实是，我的职业生涯伴随 WISE 的成长展开了。

工作篇

俗语说得好，"麻雀虽小，五脏俱全"。刚入职 WISE 的时候，人手少，事却不少。我和张虹老师两个人分别分担 N 项工作。我主要协调人事工作，还曾陆续兼任过科研秘书、外事秘书、双学位教学秘书、班主任等工作。特别是担任人事秘书工作，使我有机会亲历了 WISE 从无到有的可喜变化：2005 年，WISE 刚成立时，没有一位全职教师；2006 年，WISE 首次从海外招聘，首批共招聘到 5 位全职教师；2007 年，招聘到首位非华裔韩国教师……截至 2015 年，也就是 WISE 海外招聘的第十个年头，全职教师的规模已达到近 50 人，其中包括 4 名非华裔教师。而行政技术团队，也由建院初

许有淑与萧政老师合影

期的 1 人发展到现在的 20 多人。十年来，人事工作已从国内走向国际；从洪永森教授手动安排，到面试在线安排；从早期收纸质申请，到现在全程电子化；从 WISE 独立海外招聘，到与经济学院统一招聘；从清一色的华人，到国际化面孔的师资队伍。WISE 十年的成长路，一步步实现了工作的规范化、信息化、现代化和国际化！作为一名负责 WISE 人事的工作人员，我脑海里刻印着每一位同事的入职情形，那些过往的点点滴滴，至今仍历历在目。每每想到这些，自己就有种莫名的成就感和自豪感。

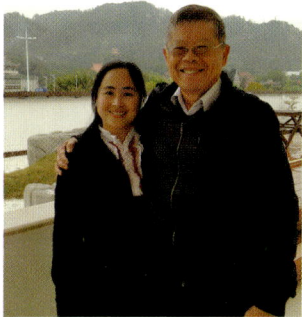

成长篇

如何写英文书信？如何设计工作流程最合理？如何衡量自己的成长进步？回答这些问题也许见仁见智。依我看，行多久方为执着，思多久方为远见，只有经历过的人，才更懂得其中的真味。

也许你自认为是"985"、"211"的高材生，或者是通过英语 N 级

的高手，但你真的会写英文信件和文件吗？碰到洪永森教授，你会发现自己的英文简直弱爆了！你见过院长手把手教工作人员写英文的场景吗？我见过。WISE 的专家来访、学术讲座、国际会议和交流十分频繁，对行政技术团队的英语水平也提出了更高的要求。为了提升大家的英文水平，洪永森教授专门购买了 *How to Say it* 等英文写作书籍，分发给行政技术人员学习，我还专门复印了一份，保存至今。此外，洪老师还特地刻录了《空中英语》视频给大家。我现在还清楚地记得，洪老师曾专门写信提醒我，写邮件要多用 Please, Could, Would, It would be greatly appreciated 等字句。正是在他的严格要求与悉心指导下，我的英文水平有了明显的进步，业务能力也有所提升。感谢洪老师！感恩 WISE 的环境！

什么是高效率的标准化流程？入职前，我真的一点概念都没有。从 2005 年开始接触 WISE 的工作起，我就不断地学习有关的流程：学术会议十分频繁且规模较大，所以相关事务须责任到个人、精确到分钟，甚至细致到一个桌签如何摆放等等，所有你涉及的人、事、物都有相关的"规定"、"规矩"和要求。每场会议结束后，团队要对会务工作及时总结，厘清问题与不足，记录亟待改善的地方，最终形成文字，以制度或规则的形式存档。如今，WISE 已经有了一套相当成熟的会务工作流程，这成为圆满完成任务的"宝典"。第 14 届面板数据计量经济学国际会议（2007）、中国留美经济学会 2010 中国经济年会等学术会议的工作业已成为经典案例，留在与会人员心中，印在 WISE 人员心中，刻在 WISE 发展的历史上。

同事们经常开玩笑说，经过 WISE 这个"炼狱"，我们已经变得无所不能。这是玩笑，也是事实。我们在工作中不断进步，在学习中不断成长，良好的团队能让你收获满满的正能量。如果说有 WISE 精神，那么这应该算是其中之一吧！

感动篇

WISE 的教授们每年会定期为所有行政技术人员举办生日会，大家会收到同事精心准备的生日礼物！时常有"每周一馆"等集体的温暖和关爱。收到那些沙发靠垫、小玩偶等生日礼物，你会倍感温馨友善。也许，这样的表达就是文化；也许，这些行为历时久了便沉淀为传统。的确，WISE 已塑造了自己的特色文化和优良传统。每每想起，感动常在！

今天，WISE 正值豆蔻年华，而我刚过而立之年！如何记录我和 WISE 共同走过的时光？在此我想借用一句诗来表达自己的感情：为什么我的双眼饱含着泪水，只因我对 WISE 爱得深沉！

祝 WISE 再创新辉煌！祝 WISE 的各位同仁再续新篇章！自强不息，止于至善！

作者简介

许有淑，2003 年学士毕业于厦门大学经济学院金融学专业，2006 年硕士毕业于山东大学经济研究院金融学专业，2006 年起任职于厦门大学王亚南经济研究院（WISE），现任人事秘书与科研秘书。

◎余安旖

愿初心不改　温暖依旧

2015 年，WISE 成立十周年，而我留校工作也正好是第十个年头。

记得十年前应聘厦大人事处的时候，时任处长的白锡能老师对我们几个应聘的学生说，现在机关部处职能转变，从管理部门转向服务部门，服务是首位。作为学生的我们，一直感觉人事处就是很大、很厉害的权力部门，白老师的一席话，给了我很大的触动。

过了几天，我接到了人事处的录取通知，感到意外、惊喜之余又陷入了两难抉择，因为当时我已经拿到了一家不错的外企的 Offer，开出的薪资远比厦大的高（其实当时不清楚厦大的薪资，只是听说厦大工资很低）。思来想去，最终还是选择留在母校，内心相信在这里，我也可以施展自己的专长，总能做些什么，既实现自我，也为母校做点事（虽然那时候并不知道自己可以做什么）。

在人事处的时候，整天乐呵呵、充满干劲地工作，是我每天的工作状态。每天认识新的老师，跟不同的人打交道，做着各种细琐繁杂的事情，看到自己所做的事能够让前来办手续的老师开心一点、顺利一些，让他们感受到温暖，心里就特别满足，乐此不疲。从来没有想过自己会换岗位或者离开人事处，直到有一天，我知道自己可能要换岗位了。

到 WISE 之前，我对这个单位充满了好奇，内心却也很忐忑。由于自己没有学过经济学，担心不能胜任 WISE 的工作。得知要和传说中的大专家洪永淼老师见面，暗自猜想着他会不会很严厉，要求很高？但这样的担心并没有持续太久。从与洪老师交流的第一封邮件，到第一次面谈，再到与 WISE 的同事们一起交流，短短几周内，我开始了解这个单位，开始思考我可以做的事情。

WISE 是厦门大学于 2005 年为了顺应国际化办学趋势而依托 985 平

台建设的新型现代经济学教
学科研机构，洪永森教授怀
着对母校的感情和做大、做
强厦大经济学科的抱负接下
了创建 WISE 的任务。2009
年底的 WISE 已经小有名气。
海归学者聚集，国际会议、
夏令营、暑期学校办得有声
有色，行政团队的国际化水
平相当不错，也有相对完善
的全套管理制度。然而在一片的赞美声中，WISE 上下保持着清醒的头脑，
一直在思考 WISE 可以继续前进的路以及可以做得更好的地方。在洪老
师的领导和其他院领导齐心协力的支持下，WISE 行政技术团队不断改
进、历练甚至更替整合。

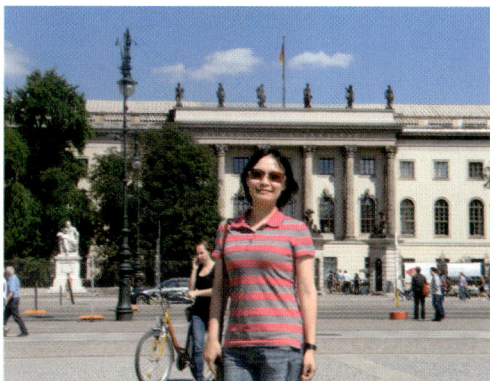

"服务"是 WISE 行政技术团队的首要任务。提供优质服务的目的
就是更及时有效地为教师们提供信息，帮助他们快速处理各类行政事务
和杂务，让教师腾出更多的时间和精力花在"刀刃"——教学科研上。
在 WISE，一个新入职的老师在入校前会收到教师手册，介绍各类来校
信息，比如怎么办理报到手续、怎么报销差旅费、来了之后学院将提供
什么样的工作室、工作室有怎样的配置等等。新老师报到后，行政技术
团队为其举行 orientation，详细介绍各项目的工作，教师们也可以通过
Q&A 查询一切可能遇到的问题。在 WISE，办理一场学术会议，教师只
需要负责学术部分（如评审宣读论文、确认议程等），其余的全套工作
都由行政团队严格根据标准执行。在 WISE，教师如果有什么问题，不
论是公事还是私事，只要一个电话或一个邮件，行政技术人员都会尽全
力帮助。有人曾笑称，WISE 的教师被你们宠坏了！我们的回答是，教
师的精力是要花在教学科研上的，行政技术团队能够承担的就应该承担，
这是我们的责任。

而相应地，WISE 的老师们也非常关心行政技术团队的发展。他们
经常向行政技术团队介绍国外的先进工作方式，提点我们工作中需要改
进的地方，并同我们交流在国内外其他高校的见闻，分享一些可资借鉴
的材料。这些大大开阔了行政技术团队的视野，碰撞出不少思维火花，
对我们工作的进步特别有帮助。可以说，WISE 的师资团队和行政技术
团队有着很好的互动和沟通，相互尊重，相互支持，携手成长！

第二部分 钢铸之盾（行政技术人员篇）

WISE 的国际化，是具体落实在每一项工作的方方面面的。比如，任何一条通知或者条例公布，小到台风通知、停电通知，大到完整的教学条例，都需要翻译成英文，以确保外籍老师可以了解和执行。经济楼墙上的每一张照片，都有着中英文对照介绍。每次重要餐叙活动前，WISE 都会按照国际惯例，安排大概一个小时的 reception，鼓励大家先交流再坐下来吃饭。在有重要外宾到会的时候，我们还会精心准备具有中国特色的小表演（如茶艺表演、二胡表演等），由老师或者学生亲自上场，在短短的几分钟内让外国嘉宾有机会了解和体会中国文化，增加他们的认同感。诸如此类，不一而足，都需要行政技术团队自身不断学习、提升并主动思考和创新。

和所有的团队一样，行政技术团队自身的建设也是一大难题。尤其是在高校，行政技术团队向来被外界误认为是一支"应该很闲"的队伍。所以，不管是学校的还是 WISE 的招聘，总有不少人是冲着高校清闲、稳定的工作特点而来的，觉得学校的行政技术岗位舒服、压力小。当然，这也与高校原有的一些慵懒闲散、应付了事的工作作风有关系。在WISE，可就没有这样的"待遇"了。WISE 的行政管理是出了名的严格，甚至有点儿"不近人情"。一方面，工作量大，但要求执行的时效短，又要质量高，而且工作还要有创新，全面周到。在 WISE，为了做好工作，很多时候必须加倍投入时间和精力，在大局上考量，在细节上琢磨。这一点，可以说洪老师是身先士卒做榜样的。我刚加入 WISE 的时候，每天不少的文稿都是洪老师亲自修订的，从框架结构到文字标点，逐一修改，说实话我是有点吃惊的。很快，我就了解到，在洪老师的眼中，没有"差不多"，也没有"将就"。他的管理是亲临一线的管理，是非常直接具体的指导，这点深刻地加深了我对于团队管理的理解，影响了我的工作管理方式。不仅仅是洪老师，WISE 的很多老师都是出了名的认真，甚至较真。他们真正践行着"止于至善"的校训，和他们同行，我们行政技术团队可不敢大意，必须时刻抖擞精神，知难而上，全力以赴！另一方面，WISE 对于行政人员的日常管理十分严格，指纹考勤、外出报备、请假和日志汇报等制度从工作时间、工作地点到工作内容上对行政技术人员有着全面的管理和把控，丝毫没有偷懒的机会。对此，不少同事一开始不习惯、不理解，总感觉有无形的压力，偶尔还会抱怨。然而，一段时间之后，当这些令人难受的管理成了每个工作人员的习惯之后，单位的整体工作作风就截然不同了。正所谓，宝剑锋从磨砺出！

WISE 行政技术团队靠的不是个人的能力，而是团队的力量。单论个人的能力，WISE 的同事们还有很大的进步空间。平时 WISE 的每位行政技术人员都有自己的主要工作范围，以一两项工作职责为主，各自加入不同的工作小团队，如行政服务团队、教学秘书团队、留学准备课程项目团队、社会服务团队和技术支持团队。一旦遇到各项任务，整个行政技术团队内部就能够快速响应起来，重新排列，根据不同的分工需求开展工作。在 WISE，新同事的加入和成长不仅仅是管理团队的事情，更是每一个团队成员所关心的。新同事不仅会在日常工作中向资深同事学习，积累自身岗位的工作知识，提高工作服务水平，更会在一次又一次团队作战中，在资深同事的带领下，在不同岗位上进行轮流锻炼，以求在尽可能短的时间内熟悉全院工作，快速成长起来。这不仅仅是在工作能力上的锻炼和提高，更重要的是在团队合作、压力调节、职业素养上的学习和提升，很快地，新同事就可以独当一面，成为团队里面的能手。

在较高强度的工作压力和严格的管理背后，WISE 致力于建立一个公平透明的考核体系。WISE 开创了自己的行政技术人员级别体系来考核员工，不受编制、岗位的影响。也就是说，不管是校聘的还是院聘的同事，不管是有科级岗位的还是普通科员，都在同一起点接受考核评估。考核评估的内容仅与行政技术人员的工作范围、工作内容、工作难度相挂钩。每一次的考核，不仅行政技术主管有权利参加，更重要的是相关的教师也可以对行政技术人员进行评价。而每一期的考核直接与学院的绩效紧密挂钩，并影响年终的绩效。有的同事考核不如意，办公室就要向参与评价的同事了解情况，真实地将考核不佳的原因和同事进行个别交流，指出具体的改进方案和思路，帮助同事及时调整，改进不足，避免再一次的错误，同时也要了解失误发生的客观原因，从办公室的角度思考是否能够从管理层面进行改进，帮助员工减少失误。

在 WISE，有很多优秀的行政技术人员并不是学校编制聘用的，但是这绝不影响他们的发展和待遇。WISE 是全校最早实行全面同工同酬的单位，对于工作欠佳的学校编制聘用工作人员，WISE 一视同仁，曾出现过校聘人员合同期满不予续聘的情况，这估计在全校也不多见。这样公平透明且严格执行的体系，一方面提升了团队的工作积极性和凝聚力，另一方面也提高了大家的危机意识，杜绝了懒散怠慢、得过且过的工作心态。

严格，但是公平，这就是 WISE 的管理逻辑，从未动摇。只有这样，才能够锻造素质和作风过硬、众志成城的行政技术团队，为这样一个快速发展并参与国际竞争的教学科研单位提供支持。

工作之外，是生活；团队之内，是家人。在 WISE，大家就像家人一样，教师、行政技术都是一家人。回想 2010 年的 5 月底，我刚到 WISE 半年多，突然惊悉奶奶在香港过世了，急急忙忙请假奔丧。两天后我回到单位，看见桌上放着一张素雅的蓝色小卡片，上面写满了同事们对我的安慰。看到小卡片的那一瞬间，眼泪唰的就下来了，我特别感动，感觉到自己不是一个人，而是有一群同事如亲人般关心你、爱护你。在 WISE，每个同事的事情都牵动着大家，同事们自身有难处、有需要，办公室会尽力帮助，办公室处理不了的，学院领导还经常动用到他们的私人关系帮忙；同事家里有事情，赖老师和办公室也经常冲在第一线。所有这些，不是因为别的，只是因为我们同是 WISE 这个温暖大家庭中的一员。这几年，虽然很忙碌、很辛苦，但有着同事们的支持，看着 WISE 一步步地不断走向更好，内心始终充实而温暖，正能量满满。

2015，WISE 不仅茁壮成长，而且与经济学院加快融合，这是厦大经济学科整合发展的关键时期。两院在双聘师资、互相开课、共同开展研究等教学科研方面不断融合，在行政技术部门之间更是互动频繁。两院行政技术团队从一开始的合办会议、活动，到之后的共同培训、交流，再到现在形成日常的互动、讨论和学习机制，在相互磨合中一步步地走得更近、更亲。我想，两院行政技术团队的融合和努力，将大大提升两院的服务，促进两院信息、资源的共享，在学科竞争激烈的当下，更好地为两院老师提供强有力的行政保障，为经济学科和厦门大学的发展贡献我们的力量。

千里之行始于跬步。十年间，我从一个懵懂的职场新人逐渐学习、成长并实现自我；WISE 从无到有，收获阶段性成果；我们从 WISE 一个小家，变成经济学科的大家，迎来新的发展机遇。此时的我们，要站得更高些，看得更远点，但永远要记住我们起航的目的和初衷——为了母校厦门大学能够发展得更好。

愿初心不改，温暖依旧。

作者简介

余安旖，2005 年毕业于厦门大学外文学院英文专业，毕业后留校工作，2005-2009 年底任厦门大学人事处科员，2009 年底至今任厦门大学王亚南经济研究院（WISE）办公室主任一职。

◎ 曾珺

最美丽的地方

记得刚到 WISE 工作的时候，正值经济学院成立三十周年，转眼间，WISE 自己也迎来了十周年的院庆。尽管加入 WISE 的时间不长，但两年多来，我感受到了 WISE 领先一步的管理理念，也目睹了许许多多令人欣喜的变化。

全英文教学，多文化交流

还未到 WISE 之前，就曾听说 WISE 的课程是全英文教学的，不仅硕士、博士课程如此，就连本科生、双学位以及留学准备课程项目的预备课程也都是全英文授课。进入 WISE 之后才知道，原来 WISE 90% 的师资都是毕业于世界名校的海归博士，还有不少来自美国、德国、加拿大、澳大利亚、韩国等国的外籍教师。语言是国际化的第一步，为了更好地进行跨文化沟通，WISE 要求所有的教职员工都需掌握英文，除了能够用英文进行邮件沟通之外，网站、宣传册、课程表等相应的文书也都使用中英双语。如此一来，国际交换生更

曾珺与爱尔兰都柏林大学招生主管 Carole Deering 合影

愿意选择到 WISE 来就读，而 WISE 的学生到了国外也能更好地适应国外的教学环境。

说到跨文化交际，WISE 的师生恐怕都会想到老白。老白是大家给 Chris White 老师起的昵称，他在 WISE 教授的课程中，有一门是"跨文化交际"。为了提高 WISE 教职员工的跨文化交际水平，Chris White 老师曾特别为大家开过一场讲座，用生动有趣的例子提醒大家在跨文化交际过程中容易出现的问题，令大家获益匪浅。在 WISE 开放的文化氛围中，多文化的交流与互动很好地促进了其国际化的进程。

全方位服务，高效率工作

WISE 经常举办国际会议、学者讲座等学术交流活动，仅我所在的留学准备课程项目部门，每学期便有十来次合作院校的来访。我还记得我第一次接待的来访宾客，是澳大利亚国立大学金融、精算与应用统计研究院院长 Terry O'Neill 教授及其夫人。从安排来访行程、打点食宿交通、组织会谈到陪同游览参观，事事虽小，却要处处细心。之后的几次会议接待，更是令我感触良多。有的同事在会议前好几个月就开始筹划议程、邀请演讲者；有的同事安排用餐，除了考虑宽敞的场地、美味的食物，还要筹备精彩的表演节目；有的同事在报到处等候飞机晚点迟来报到的客人直到深夜；有的同事在深夜和清晨等着志愿者的电话，直到顺利接到每一位客人……同事们尽职尽责地付出让我深刻感受到，每一场会议的成功举办，都是大家共同努力的结果。而每一次客人们对我们工作的肯定，也让我们的付出更有价值。

WISE 老师回复邮件的速度之快，连朱崇实校长都有所耳闻。对这一点，我也深有感触。记得有一天刚上班，有份文件需要请韩乾老师签字，但前一天深夜韩老师才刚从美国出差回来，于是我写了封邮件和他预约时间，结果不到一分钟时间，我就收到了韩老师的回信，说他现在就在办公室可以签字，让我十分感动。正是 WISE 每一位老师的付出，才使 WISE 的工作氛围浓厚，让每一位来到 WISE 的客人有种宾至如归的感觉。

工作至今，我已带了三届留学准备课程项目的学生，与学生相处的时光虽然短暂，却令人难忘。虽然有时也会因为他们迷糊误事而着急，因为他们任性不懂事而生气，但在与他们相处的过程中，我也有许多收获。看到许多同学经过这一年的时光，慢慢成长，简历着装、言谈举止，从最初的参差不齐，到最后变得日渐成熟，虽不是一己之功，却也感到十分欣慰。

读书、赏花、听琴、品咖啡，这些听起来有点诗意的东西，如今我们都已拥有。如果说厦大是最美的校园，那么厦大最美的地方，就是经济楼了。工作之余，这里有独立的图书馆可以借阅图书；有钢琴可以舒缓心情；有大榕树可以乘凉；有亭子可以休息；有种着三角梅的花廊可以欣赏；还有两处咖啡厅可以坐下来喝喝咖啡，在轻松的氛围里和同事聊聊工作的进展。每一位来到 WISE 的客人，都会被 WISE 美丽的环境所吸引，而这份美丽，正是每一位 WISER 共同精心维护的。

WISE 成立十周年，校友的队伍正在渐渐壮大，希望每一位校友都能常回"家"看看，感受 WISE 的成长，重温美好的记忆，分享所得所获。WISE 是一个永远温暖的家。

作者简介

曾珺，2012 年获香港中文大学语言学硕士学位，2012 年至今任职于厦门大学王亚南经济研究院（WISE）国际教育合作中心。

◎张虹

与 WISE 共同成长

　　转眼间，WISE 就迎来了十周年华诞。作为 WISE 大家庭的一名"老"员工，我感觉最荣幸的，莫过于亲眼见证了 WISE 从无到有、逐步成长为国内一个重要的经济学教育、研究与学术交流中心。尽管我是一名普通的行政人员，但想到这十年来，学院获得的成功也包含自己一份微薄的努力与贡献，就感到分外的荣耀和喜悦。同时，在 WISE 发展壮大的历程中，自己也得以不断成长，从中收获了很多回报，于是此时此刻心中又多了一份感恩之情。

　　我是 2004 年 10 月通过招聘进入厦门大学经济学院工作的，刚开始担任经济学院的外事秘书。同现在两院高频率的外事活动相比，当时经济学院外事秘书的工作其实要轻松得多，主要是接待一些来校讲学的国内外学者。

　　2005 年初，时任经济学院院长的张馨老师亲自找我谈话，说洪永森老师计划在 2005 年 7 月组织一个面向全国青年教师与研究生的计量经济学暑期学校，问我愿不愿意过去帮忙。我也没多想，就一口答应了。当时 WISE 还没有正式成立，暑期学校前期的一些准备工作主要由洪老师和我负责，洪老师为组织第一届暑期学校倾注了大量的心力，而我主要提供行政后勤上的支持，此外经济学院的一些老师及行政人员也为这届暑期学校的顺利举办提供了强有力的后勤保障。暑期学校的招生广告一发布，就引起了极大的反响，我们总共收到了六七百份申请书，这些申请信息都由我一个人逐一手工输入电脑进行整理，现在想起来真有点后怕。不过真正的硬仗是在暑期学校开幕后，因为工作千头万绪，我忙得团团转，几乎连喘息的机会都没有，恰好又碰上盛夏酷暑，于是接连流了几天鼻血。有一天，洪老师到我的办公室来，无意间看到我在日历上写的"坚持，坚持，再坚持！"的自勉字句，就鼓励我说："张虹，你辛苦了，坚持到底就是胜利！"实际上，直到闭幕式结束后的好几天，我的神经仍绷得紧紧的。

张虹与 Clive Granger 教授合影

不过，正因为暑期学校的行政后勤工作，我才有机会接触到一些知名度颇高的海外学者，他们给我留下了深刻的印象。第一届暑期学校共邀请到四位知名学者，分别是美国麻省理工学院的 Jerry Hausman 教授、美国南加州大学的萧政教授、台湾"中央研究院"的管中闵教授以及香港科技大学的陈松年教授。Hausman 教授高高瘦瘦的个子，年纪看上去也不大，居然是洪老师的"师爷"（学缘爷爷）辈人物。萧老师最平易近人，很喜欢骑自行车，还经常跟我们开玩笑。管老师风度翩翩，是洪老师的"大师兄"。陈松年老师也是瘦瘦的身型，讲话非常坦率。这几位老师之后都成了 WISE 的常客，尤其是萧老师，每年都要来两次左右。第一届暑期学校安排在国家会计学院举办，这也是唯一一届安排在校外的暑期学校。国家会计学院地处当时刚建成不久的环岛路中段，风景秀丽，一出校门便是沙滩、大海，但交通不便，人流量也少。萧老师戏称之为美丽的"监狱"，因为下午稍晚一些离开，门口连出租车都很难见到。

WISE 于同年 6 月正式成立，第一届暑期学校圆满成功，产生的影响是有目共睹的，它的成功举办也打响了 WISE 成立后的第一炮。之后我主动提出申请，希望从经济学院调到 WISE 工作。我的申请获得了批准，于是我非常荣幸地成为 WISE 的第一个行政秘书。坦白地说，WISE 刚成立的那段时间，工作是非常忙碌的。WISE 刚成立的 2005 年，错过了当年研究生的招考时间，第一届招收的硕士研究生，先由我和经济学院几个系的研究生秘书分头逐个打电话给经济学院已录取的 2005 级新生，征询他们是否愿意转入 WISE 学习，然后再由当时在经济学院财政系工作的杨志勇老师等组织面试，最终录取了 31 位。由于当时 WISE 只有我一个行政秘书，所以我又自然而然地担负起研究生秘书的工作，2006年才移交给了其他秘书。WISE刚成立时，也没有全职的海归老师，所授课程分成两部分：一部分由海外兼职教授集中授课，另一部分则由经济学院的青年老师帮忙授课，包括郭晔、黄伟彬、林海和魏立萍老师等。值得一提的是，除了要处理繁重的行政事务，洪老师还亲自通过远程视频给学生授课。对于WISE招收的首届31名学生，我印象非常深刻，至今仍记得他们每一位的名字和脸孔，并且与其中的几位学生还一直保持联系。首届学生大都学有所成，在各自的岗位上做出骄人业绩，其中不少同学在海外拿到博士学位，并在国内外的知名高校任教，这也算是扩大WISE学术影响力的一种方式。

2005年还有很重要的一件事值得记取，那就是WISE第一次面向海外正式招聘全职教师。由于当时只有我一个行政秘书"单兵作战"，当时所有的招聘材料都直接邮寄给我，以致有人在打电话咨询时，还不明就里地称我为"张院长"。招聘工作非常繁琐，因为招聘网站和网络报名系统尚未建设开通，所有寄来的材料都是纸质的，需要费心地整理与录入。说来惭愧，第一次招聘工作，每位应聘者的面试时间全是由洪老师亲自排定的。WISE第一批共招聘了五位全职老师，包括冼刍荛老师、方颖老师、沈凯玲老师等。蔡宗武老师、赖小琼老师和陈国进老师随后也开始正式参与WISE的很多工作，次年行政人员也逐渐增加。WISE越来越热闹了，也越来越像一个大家庭。我提出了"每周一馆"的建议，组织老师和行政人员每周末聚一次餐，大家采取"AA制"的方式，计划在几年内吃遍厦门的大小餐馆。这一提议赢得了热烈的响应，大家积极参与，其乐融融。现在，"每周一馆"已成为WISE的"保留节目"。洪老师还提议组织行政秘书生日会，每半年集中举办一次，由老师为行政秘书准备生日礼物，一起聚餐，一起活动。洪老师还经常邀请我们去他翔安的老家吃螃蟹，螃蟹总是一盆一盆地上桌，大家吃得开心极了。

2006年上半年，WISE最重要的学术活动就是组织"宏观计量经济学国际会议暨宏观经济与金融市场实证研究研讨会"（SETA）。SETA会议是由中国大陆、台湾、香港以及新加坡、韩国等地的一些著名高校联合发起的关于计量经济学的高层次学术会议，也是我第一次在WISE经历这么大规模、重量级的学术会议。那年刚好碰上厦门大学85周年校庆，开会当天又恰逢央视"同一首歌"栏目第一次走进厦大汇演，由于会务繁忙，我不得不忍痛放弃了千辛万苦才得到的一张入场券，投入会议的各项工作。当时会议代表住在金雁酒店，时任厦大财务处处长的郑鸣教授，不仅帮我从财务处提出现金，还陪同我到金雁酒店，逐一敲开每个房间的门，将报销款发放到参会特邀嘉宾手中。在这次会议中，我还非常有幸见到了诺贝尔经济学奖得主 Clive Granger 教授，他也是洪老师在加州大学圣地亚哥分校读博期间的主导师之一。会议间隙，洪老师与 Granger 教授聊天，看见我也在会场，还特地把我叫过去和 Granger 教授合影，这张弥足珍贵的合影我至今仍细心保留着。无独有偶，三年之后的 2009 年，我参与服务的 Coase Workshop 还有幸收到另一位诺贝尔经济学奖得主科斯教授亲笔签名的感谢信。话说回来，2006 年的另一个重头戏是暑期学校。因为有了第一年的经验，我觉得很多事情变得有"章"可循。最重要的是，本届暑期学校已经不再是"单兵作战"了，很多老师和同事也加入到会务组织工作中来，特别值得一提的是很多可爱的 2005 级硕士生也充分发挥了主人翁精神，承担了很多会议志愿者的任务。学校也特别支持，特意腾出部分学生宿舍供暑期学校的学员住宿。本届暑期学校各方面都很成功，还在当年全国暑期学校工作会议上受到了教育部副部长吴启迪的表扬，为刚刚成立的 WISE 争足了光。

过去的十年，应该说是 WISE 在各方面都飞速发展的十年。从 2006 年的五位全职海归老师，到今天已经拥有超过四十位全职海归老师，行政人员和技术人员也增加了很多。从当初什么都手工处理的简单办公方式，到目前有序、高效而现代化的管理，真令我感慨良多。在这十年中，我感受至深的就是洪永淼老师那种"拼命三郎"式的创业精神和一丝不苟的敬业精神。在这十年中，我亲眼见证了洪老师制定的每一个目标都提前或加倍地得以实现，而我也在 WISE 的成长中收获了个人和家庭的成长。

衷心祝愿 WISE 的下一个十年更加美好，更加灿烂！

作者简介

张虹，2000 年毕业于西北大学经济与管理学院旅游管理专业，曾任厦门大学经济学院外事秘书，2005 年至今任厦门大学王亚南经济研究院（WISE）财务主管、外事秘书及行政秘书。

第二部分　钢铸之盾（行政技术人员篇）

◎郑旭

当梦想照进现实

时光飞逝，2015 年的 6 月就是 WISE 十周年的生日了，在此首先向 WISE 表达衷心的祝福。

与 WISE 结缘

一次偶然的机会，我从网站上了解到厦大有一所"特别"的研究院，她是以王亚南校长命名的——王亚南经济研究院(WISE)。经过再三权衡，我决定辞去中国通信服务福建邮科公司开发部工程师的职位，转而加盟 WISE。我是在 2011 年 7 月 4 日这一天来到 WISE 的，初到时已临近盛夏了。那时"城在海上、海在城中"的花园城市厦门，梅雨季节刚刚过去，厦大校园内一切都很清新亮丽，让我这个新人耳目一新。

刚来的第一天是周一，正巧赶上了 WISE 每周"雷打不动"的行政技术午餐会，主持会议的是副院长赖小琼教授。在午餐会上，我见识了 WISE 的大家庭，并第一次听说午餐会，它的形式就是大家一边吃饭一边谈工作。显然，这也是 WISE 国际化的一个表征。洪永淼教授还不定期与行政技术人员

举行视频会议，开会时，我们这里是中午，而在美国已经是午夜了。对于很多工作细节，他都亲自过问并随时跟进，实在令人感动。

从了解到熟悉 WISE

刚来的第一周我就感受到了 WISE 紧张的工作节奏。当时 EDP 项目刚开始招生，我一来就开始接手 EDP 项目招生简章网页版的制作。由于时间紧迫，我连续几天都是在加班中度过的。那时我还得找房子安置自己，各种杂事交织其中，不胜其烦，弄得我差不多到了焦头烂额的地步。

不过，我很快发现自己的工作开始变得有条不紊：每周都有周工作计划，每天都有自己的工作计划和任务，晚上下班前要写当天的工作日志并通过邮件发送给主管，每周五晚下班后要完成工作周记。接下来就到了 WISE 的暑期学校、夏令营，我负责做好会议的筹备和现场技术支持工作。在 WISE 举办的高水平、高层次学术会议上，我有幸见到了很多以往只能在教科书上见到名字的经济学界"大牛"，如萧政、邹至庄、管中闵、李志文、Jerry Hausman 等教授。当然，在 WISE 不仅仅能见到这些"大牛"，而且还能够手把手地为他们提供 IT 技术支持方面的服务，这也是一件很开心的事情。

与 WISE 共同成长

说真的，来 WISE 已 4 年多了，我每周在 WISE 工作的时间比和家人相处的时间还要长。上班最晚一次是 2014 年 7 月 15 日那天。2014年 7 月 16 日教育部要评估厦门大学"2011 协同创新中心"，对学校来说这是一件跨时代并且极其重要的事情，对我们来说这是所有工作的重中之重。为了迎接教育部的评估，行政技术团队已筹备了几个月，按学校方面的要求，原本计划评估的主会场在嘉庚主楼，经济学科作为协同单位，只需要在检查组到达时，简要介绍学科在协同创新中的工作。到了 7 月 14 日下午，朱崇实校长在检查时提出了一些改进意见，包括检查材料、检查路线、会议地点等都做出了重大改变，特别是把主会场改到了经济楼 N 座 5 楼，并且在材料方面做出了较大的调整。这时离 16

日的最后检查只剩一天半的时间了。我们最主要的任务是制作出13块左右协同创新内容的展板，做好新考察路线的清洁工作，连咖啡厅也要临时改造出几间专家谈话室等，大家都觉得这是一个不可能完成的任务。学校方面为了以防万一，在嘉庚主楼做好了备份方案。两院组成的行政技术团队在两院领导的指导下，对所有的材料改了一稿又一稿，时间到了15日晚上10点，广告喷绘工厂的工人都准备下班了，我们还在办公室里热火朝天地、一遍一遍地修改设计稿，而行政部门的同事们在仔细地、一遍一遍地校对着稿件和文字内容。我们只好打电话跟广告公司的老板商量，让所有的工人加班待命，并且安排好安装师傅在第二天早上7点准时过来布展。由于天气炎热，空调似乎也不奏效了，汗水一遍又一遍地浸湿了我的衣服。我们一边把定稿通过网络发到喷绘工厂喷绘，一边继续高效率地修改设计稿。一直到16日的凌晨3点，我们才完成了所有的设计稿并全部发给喷绘工厂。工厂的工人同时开了2条生产线通宵加班制作，最终在16日早上7点前完成了所有展示材料的喷绘制作。由于担心早上布展时间很紧张，我决定当晚留在办公室里面打地铺，这样早上才有足够的时间来布置会场，但因为心中有一根弦紧绷着，我一夜翻来覆去睡不着觉，好不容易干了的衣服又被汗水浸湿了。早上7点前喷绘工厂完成了所有的喷绘，另外一拨安装师傅马上送材料到经济楼新楼准备布置会场，这时同事们也赶到了现场，于是我们和师傅们一起准备好所有的展示架，配合师傅安装展示画面。时间到了8点多，我们终于完成了所有布展。这时学校社科处的冯文晖副处长等一行人刚好到了，他们一进经济楼新楼就表示非常震惊，感叹我们居然完成了这个大家都认为不可能完成的任务。我们顶着一宿没睡好的身体，配合好接下来所有的会场技术支持，最终在16日的中午圆满地完成了这次评估检查。此时，我已身心俱疲，不过心里还是美滋滋的，我们完成了这个连学校都觉得不可能完成的任务。

在WISE，大家的工作都是"蛮拼的"，每天下班时间基本都在晚上6点之后。因为手头的事务确实很多而且很杂，即使下班时间到了，大家也要投入时间和精力及时处理，让手头尚未完成的工作日清日结。

4年多来，不管是工作态度还是工作能力，我都保持与WISE共同提高、共同成长。特别值得一提的是，我在WISE技术中心的4年多时间里，钟锃光老师给了我很多批评和鼓励，其他同事也对我这个后辈厚爱有加，给我提供了很多帮助。如今，我已可以独立地开展工作，比如根据 WISE 的会议流程，配合秘书做好会议的技术支持，并且能顺利地完成任务。同时，我也响应洪老师的号召，挤出时间来加强自我学习，并通过工作来提升自己的能力，努力让自己变成"一专多能"的工作人员。

见识 WISE 的技术力量

提及 WISE 的国际化，就不能不提及 WISE 高效的行政管理。我们坚持自主研发和微创新，对办公系统作了信息化改造，终于实现了办公自动化。目前全院使用"统一登录系统"，实现所有系统只需要一个账号和密码就可以登录；全院的教师和行政人员均可使用 OA 系统来实现订餐（午餐会）、加班登记、更新简历等；宣传部门的同事可以登录"大屏幕发布系统"来发布动态的视屏和静态的电子屏；技术部门内部使用了 RedMind 系统来管理全部工程、追踪工程进度以及登记日记和周记；全院学生可以使用"讲座预约系统"来预约自己喜欢的讲座，使用"学生工作量系统"来登记自己的工作量；全院教师可以使用"教师服务系统"来查看自己的教学服务情况等。在这些系统中，我们使用了微软 .NET 技术框架和云平台，在服务器上采用虚拟化技术 Hyper-V，在数据库中使用微软的 SQL Serveer，编程开发界传说中的 Spring.NET、NHibernate、ASP.NET MVC、WCF、LINQ、HTML+CSS、Jquery 等响当当的主流技术均被使用在系统中。有了高科技信息技术的支持，全院的行政管理就可以在一个高效的平台上运行。当初样样手工处理的简单办公方式被现在有序、高效的现代管理方式所取代，这一变化简直是革命性的，不能不令人感叹技术力量的伟大。"科技改变生活"是我的梦想，而这些变化实现了我的梦想。

寄语 WISE

2015 年 WISE 迎来建院十周年，祝愿 WISE 在未来的国际化办学历程中茁壮成长，声誉日隆，路越走越宽，目标越来越宏伟！

第二部分　钢铸之盾（行政技术人员篇）

作者简介

郑旭，2009 年毕业于福建农林大学计算机科学与技术专业，曾任中国通信服务福建邮科号百开发部工程师，2011 年至今任厦门大学王亚南经济研究院（WISE）技术中心工程师。

◎钟铿光

最快、最好、最新

——止于至善的 WISE

　　今年是 WISE 建院十周年，不过，在 2010 年之前，WISE 对我只是一个传说。在我的心目中，WISE 的海归老师都是牛人，抽调到 WISE 工作的经济学院教师和行政人员，都是经济学院的佼佼者，所以到 WISE 工作是我想都没想过的事。时间推移到 2010 年底，洪永淼教授被任命为经济学院院长，两院的技术团队合并办公，顺着这个历史潮流，我也开始介入 WISE 的工作。在过去的五年时光里，我们团队开发了多个信息系统、实施了各项工程项目、支持了每年高频率的国际会议，一路走来，虽然也出过不少岔子，跌跌撞撞，相当吃力，但回首这几年的历程，让人不禁想起一句老话："当你觉得累的时候，那是因为你在走上坡路"。

　　置身其中，我觉得最值得一提的是 WISE "止于至善"的工作作风，通俗点说，就是"百尺竿头更进一步"，做到最快、最好、最新！

　　在 WISE 做事要高效，这在全校都是出了名的。与一般的事业单位不同，WISE 总是强调快速，经常听到的批评就是"太慢"。我原来一直不明白我们为什么要这么拼，后来读了洪老师的《中国经济学教育转型——厦大故事》才明白，经济学科是厦大的

优势学科，是厦大最重要的名片，但在 21 世纪初以来的转型时期，学科发展不仅同国外一流水平相比有较大差距，而且跟国内其他发展较快的兄弟院校相比也面临着危机。在这种形势下，WISE 和经济学院必须都要有异乎寻常的强烈的使命感和紧迫的责任感，两院教职工都要快马加鞭。为了提高技术团队的工作效率，WISE 从美国思科公司聘请了单文力高级工程师，在团队中推行了现代项目管理方法，所有的事情都要事先计划、任务分解、关键点检查、事后归纳总结，通过严格、规范的管理提高工作效率。基于这样的模式，团队成员的工作互相推动，效率比过去提高了数倍。

记得 2014 年 7 月，为了迎接两岸协同创新中心的评估，行政技术团队已经忙乎了几个月。按学校要求，评估的主会场是在嘉庚主楼，经济学科作为协同单位，只需要在检查组到达时，简要介绍学科在协同创新中的工作即可。然而，7 月 14 日，朱校长检查时提出了一些改进意见，包括检查材料、检查路线、会议地点都做出了重大改变。特别是材料调整，这时距 16 日最后检查只剩一天半了，我们需要制作 13 块展板，做好新考察路线的清洁工作，连咖啡厅也要临时改造出几间专家谈话室。大家都觉得这是不可能完成的任务，为妥善起见，学校还在嘉庚主楼做好了备份方案以防我们不能完成任务。两院组成的行政技术团队在两院领导的指导下，对所有的材料改了一稿又一稿，到了 15 日晚上 9 点，广告公司都下班了，我们还在改稿，只好同广告公司的老板商量，让工人加班。直到深夜 2 点，我们才定好稿并送至广告公司。广告公司通宵制作，最终在 16 日早上 7 点完成了布展，正好迎来了学校的先遣检查队，这个大家起初都认为不可能完成的任务，最终还是如期完成了。

你可别以为快就意味着"快猛糙"，WISE"最快"之后紧跟的一个要求就是"最好"，即工作速度要最快，工作质量要最好。我们做事时最常犯的毛病就是不认真，总觉得事情过得去就可以了，何必那么精益求精呢！但 WISE 的要求就是要做就做到最好，做到国际一流水准。计量经济学教育部重点实验室是国内第一个文理交叉实验室，要建金融实验室时大家心里都没底，外国咨询公司又开出了天价。面对这种情况，WISE 决定自行设计，比较了美国几所大学的 trading floor，并参考了深圳、上海、香港的证券交易所，最终我们以远低于预期的价格完成了金融实验室的建设，目前它已是经济楼的标志之一，来访的国内外专家都赞不绝口，认为实验室集美观和实用为一体，完全达到了国际一流水准。

　　为了创造良好的工作和学习环境，这几年两院还在经济楼做了不少装修项目，让经济楼这栋建于 20 世纪 80 年代的老楼焕然一新，成了目前全校最有设计感的建筑。而这背后隐藏着许多不为人知的细节或故事。比如，WISE 的海归老师在境外学习、工作多年，又经常在世界各地开会和讲学交流，他们看到适合经济楼的装修和装饰就会拍下来，以世界上最好的设计为标杆，让我们参考实施。再如在装修工程中，为了提高工作水平，WISE 要求一项装修项目必须要经过前期调查、同类项目比较、多家设计公司沟通、建模并制作效果图、内部讨论、大规模征求教师意见、学校送审等几个环节，通过集思广益追求最佳的品质。在经济楼新楼还在建设的时候，五楼咖啡厅的建设就提上了议事日程，两家设计公司设计了多套方案，有青春动感型的，也有沉稳商务型的，经过反复论证，一个学术型的咖啡厅设计完成了，包括洪老师在内的两院很多教职员工还参与了院史照片筛选、油画素材挑选、家具选型等大大小小的细节工作，确保整个工程获得高质量的实施。现在经济楼经常有人来参观，当来宾赞扬我们做得不错时候，我都会告诉他们两院教职员工在幕后群策群力的精彩故事。

　　作为技术人员，我对 WISE "最新" 的要求特别感同身受。洪老师上任后不久就召开了技术团队的工作会议，而这以前只是分管领导的工作，会上洪老师特别强调了新技术对学科建设的重要作用。WISE 对新技术的投入一向是大手笔，不论是计算平台、计量软件还是数据库，只要是研究团队需要的，经过教师们充分讨论通过后就会筹措资金投入。早在 WISE 建院之初，WISE 就率先建立了一套高性能并行计算平台。从 2010 年开始，两院一起建立了多个管理信息系统，涵盖了人事管理、科研管理、教学管理、教学评估等方方面面。我们还有国内最好的远程视频教室、全校最早实施的数字高清监控系统、自建的多出口有线网、无缝覆盖的无线网等。一旦有新的 IT 工具，都会被引入工作中来。建院之初，WISE 就建立了 QQ 工作群，让教师和行政技术人员拥有一个很好的沟通平台。WISE 还有一个传说，在上下班等关键时间点，院领导会在 QQ 上抽查，实行人工打卡，好在 WISE 的行政和技术人员工作

第二部分　钢铸之盾　（行政技术人员篇）

103

作风特别优秀，这也就成为一个传说。2014 年底洪老师在年终行政技术工作会上谈到微信，说他自己不会用微信，但是要求大家尽快掌握新媒体、新技术。2015 年一开学，我们就在微信上看到了一个熟悉的名字（洪老师）。紧接着，两院还组建了教师微信群、行政微信群，为两院教职员工的交流提供了一个很好的平台。就拿教师微信群来说吧，两院教师在教师群上经常为了某个学术问题而认真讨论良久，最近的一个周六，老师们从 8 点就开始讨论 DSGE 和 VAR 模型，到了下午 4 点还在同洪老师讨论频谱分析方法（Spectrum），而这时远在美国的洪老师，当地时间已经是凌晨 4 点了。

成立迄今，WISE 已历十年寒暑，而我也与 WISE 结缘五年，从一个旁观者到一个参与者，亲身感受到 WISE 的快速发展，而 WISE 和经济学院和也从当年的"亲如兄弟，相对独立"发展到现在融为一体的"One Economics"——一个在国内充当排头兵、向国际一流目标迅猛推进的经济学科。我庆幸自己身处这样一个好时代，在历史发展的潮流中，做一朵幸运的浪花。

热切期待在 WISE 成立二十周年之际，能有更多的新东西可以分享，有更多的新感想可以抒发。

作者简介

钟锃光，高级实验师，1997 年毕业于厦门大学计算机系，2006 年获厦门大学工商管理硕士(MBA)学位。2001 年到厦门大学经济学院工作，任经济学院实验教学中心副主任，2011 年 7 月起兼任厦门大学王亚南经济研究院（WISE）技术中心主任。

第三部分

青青子衿

（各项目学生篇）

◎ 毕舒博

十年的 WISE 有十个春天

十年的 WISE 有十个春天

木棉的红落在草地上，不会激起一丝涟漪，而会化作一场春雨，倾听你的喃呢；

玉兰的白散在空气里，不会映照一缕阳光，而会化为一双玉手，触动心中的别离。

敬爱的老师，回看五老峰，如果你听到钟声，不是僧侣为了三千大千，而是山在吟颂；

敬爱的老师，长望鹭江水，如果你听到涛声，不是船舶为了烟波淼漫，而是海的礼赞。

亲爱的同学，你也许不会忘记，每天迎接你的不是朝霞，而是院子里的大榕树，氤氲的雾气把你的心一起融化；

亲爱的同学，你也许不会忘记，每天送走你的不是月光，而是院子里的三角梅，风中的

花瓣将夜色涂满烟霞。

十年的 WISE 有十个春天，有十次花开，有十次燕来，每一次都来若春潮，逝若春雨，把我们的记忆永远留下。

十年的 WISE 有十个夏天

鱼知道，如果思源谷起了一层涟漪，不是因为荷风乍起，而是水畔的垂柳在品味湖山的悠扬；

鸟知道，如果芙蓉湖映出一片波光，不是因为艳阳高照，而是湖边的芍药在追忆昔日的时光。

敬爱的老师，我唯愿是那路旁的椰树，不是因为高，而是在狂风暴雨中，依然能巍巍挺拔，不坠青云之志；

敬爱的老师，我唯愿是那湖畔的榕树，不是因为大，而是在炎炎夏日中，依然能洒下绿荫，不忘舍己助人。

亲爱的同学，你也许不会忘记，台风猛烈，吹乱了你的头发，吹不散你书桌上的墨香；

亲爱的同学，你也许不会忘记，夕阳绚丽，烧红了天边的云朵，烧不去你的丝丝惆怅；

十年的 WISE 有十个夏天，有十次风吹，有十次雨打，每一次都来若惊雷，逝若云霞，把我们的青春永远留下。

十年的 WISE 有十个秋天

每一颗落下的洋紫荆，都会化作天上的一颗星，不是为了永恒，而是为了留住这份恩情；

每一柄雨打的浮萍，都会化作风中的一首歌，不是为了动听，而是为了守护这份安宁。

敬爱的老师，南强楼的银栏有过多少次远眺，不是为了湖光山色，只为怅惘凤凰树下孤独的青草；

敬爱的老师，群贤楼的红窗经过多少次喧嚣，不是为了繁华锦绣，只为倾听木棉树上飞鸟的鸣叫。

亲爱的同学，你也许曾驰骋于上弦场，触碰过它的台阶，抚摸过它的石梁，那里可是你永远守候的地方？

亲爱的同学，你也许曾徜徉于演武场，倾听过它的歌唱，互诉过彼此的衷肠，你我可否共赏一片星光？

十年的 WISE 有十个秋天，有十次花飞，有十次雁归，每一次都来若流云，逝若秋水，把我们的故事永远留下。

十年的 WISE 有十个冬天

被冬雨打落的树叶可曾有过怨恨，不是因为飘零在泥土中，而是无法一同看到太阳驱走阴霾；

被寒风吹散的花瓣可曾有过惋惜，不是因为散落在空气中，而是无法一同沐浴春天的到来。

敬爱的老师，南普陀的烟不愿飘散，只想化作一盏孤灯陪伴在您身旁，在茫茫夜色中为您照出光亮；

敬爱的老师，白城海的沙不愿飞扬，只愿聚成一座丰碑陪伴在您身旁，在漫漫征途中为您标识方向。

亲爱的同学，图书馆知道，一栋栋书架不是知识的墙壁，而是进步的阶梯，他们终将褪去封皮，飞翔于天际；

亲爱的同学，芙蓉隧道知道，一面面涂鸦不是生活的回忆，而是未来的明细，他们终将褪去颜色，刻印在心底。

十年的 WISE 有十个冬天，有十次风起，有十次潮落，每一次都来若封河，逝若融雪，把我们的思念永远留下。

十年的 WISE 有十个今天

不论你我在何方，闭上眼睛，共沐同一缕阳光；睁开眼睛，共看同一轮月亮。终我们一生，永远都记得那段时光：WISE，充吾爱于无疆。

作者简介

毕舒博，厦门大学王亚南经济研究院（WISE）2013 级硕士研究生。

◎范建新

WISE 家庭的那些小事

2013 年 3 月，我和一个关系要好的数学系同学来到美丽的海上花园学府——厦门大学，分别参加王亚南经济研究院（WISE）和管理学院的研究生复试。刚踏进 WISE，看到院中的那棵大榕树，当时就是一愣，心里在想：没有肥沃的土壤和舒适的环境，哪来的独木成林！多么希望能够在这里完成研究生学业。经过一番可以形容为惨烈的复试，在最后一刻接到 WISE 张老师的电话通知："你已经被录取了！"心中激动的心情久久不能平静。

等待的日子是难熬的，在还没到 WISE 报到之前，我和很多准"WISER"一样经常刷新 WISE 的网站，印象最深的不是学术"大牛"来 WISE 的讲座和授课，而是一篇关于师生篮球赛的报道。于是，一直很期待入学后和老师们打一场篮球赛。

时间过得很快，2013 年 9 月 13 日，像很多学生一样怀着满满的抱负，我步入了厦门大学，成为 WISE 大家庭中的一员。开学后，学院安排了一系列的新生入学教育，让学生了解和熟悉 WISE 的发展及对学生的要求。

转眼之间，就快到 2015 年 6 月了。届时，WISE 将迎来它的十周岁生日。WISE 十年的成长路，我虽和她相伴的时间不长，但在未来，我

第三部分 青青子衿（各项目学生篇）

111

必与她同行。值此十周年之际，想记录一些 WISE 大家庭的事情。

这些年来，伴随着学院的不断壮大，WISE 的家人越来越多。首先介绍一下我们的学生组织。

WISE 的学生组织从无到有，从小到大，可谓发生了天翻地覆的变化。现在，WISE 已有了第七届研究生会、第四届青年志愿者协会、"思享家"CLUB、WISA 国际学生会、R 语言学习兴趣小组等多种形式的学生团体，这些学生组织是在班级之外的新的沟通平台。

这其中我最熟悉的是 WISE 研究生会。WISE 研究生会有主席团（3人）、秘书处、学术部、文体部、宣传部、外联部、国际学生部等部门。在 WISE 研究生会的生活，苦甜之间，大家付出很多，也收获很多。在完成学院规定的各项事情的同时，我们还建立了便于院友之间交流的 WISE 院友会微信群。在日常出席厦门大学各院研究生会主席联合会汇报工作时，每当提到自己是来自 WISE 研会的主席，心中都是满满的自豪。在会议上，大家彼此之间如实地沟通学院最近的学生工作，加强各学院学生组织之间的联系。还记得在一次会议上，我提到在备战期中考试时，一个同学因过度劳累而晕倒的事件，大家都为这位学生的刻苦努力感到震惊和感动。

WISE 青年志愿者协会，至今也走过了 6 个春秋。在这 6 年间，每年组织同学们自愿参加志愿者活动，如关爱残疾儿童的"诺苗"活动、按时看望敬老院老人活动等；每周组织大家跑环岛路、爬狮山。因为 WISE 的国际硕士很多，在我们的队伍中也常常可以发现外国朋友的身影。

WISE 的"思享家"CLUB 每周定期举办活动，一群"不接地气"的研究生在一起谈梦想、读书、电影、朋友等等。他们每次活动不求参与人数的多少，只求参加的都是同道中人。每届"思享家"都有自己的核心团队。WISE"思享家"的发展颇为坎坷，从 2010 级的庄学长开始着手举办，到 2011 级的徐学长手上逐步壮大，现由 2013 级的沈同学用心操办。作为它忠实的粉丝，我非常希望学院 WISER 的思考能分享给更多的人。R 语言小组每次课程的平均参与人数在 30 人左右，同学们热情帮助学院处理相关事务，将自己所学的数据处理能力应用到实际中。

在 WISE 的大家庭里，学院的学习小组三三两两，一年级繁重的学业教会了同学们如何抱团学习，提高效率；二年级时大家克服浮躁的学习心态，认真完成专业课程，并积极准备论文开题。同学们有时候在经济楼教室讨论到很晚，甚至在凌晨时分的隧道中还能听到他们讨论"爬虫"的声音。

我们是厦大同学公认的学霸，但动起来，我们也绝不服输。虽然不是大院，但是在繁重的学业之余，我们也曾取得厦门大学校运动会研究生组跳高冠军、800 米亚军、1500 米亚季军等成绩；我们也曾在羽毛球混双比赛中前后获得第五名和第六名的好成绩；我们也曾在芙蓉隧道绘出"THE POWER of Finace"的涂鸦，献礼厦门大学 93 周年。此外，我们有爬山爱好者，在风和日丽的时候约大家出去呼吸清新的空气；我们还有"狼人杀"高手，在博弈论中学到的知识还能经常用到哦！

最后，还有在我们的学习生活中非常重要的 WISE 的"男神"、"女神"老师们。在篮球场上，有我们的韩乾老师、钟威老师、White 老师、范青亮老师、谢沛霖老师、何朝强老师，还有刘婧媛老师、黄娟娟老师、鲍小佳老师。大家可能要问，怎么还有女老师，因为我们在中场休息时会进行女生投篮比赛，并计入总分。在邀请老师参加比赛的时候，所有的老师都被我们研究生会的邮件骚扰过。在篮球场上，我们得以和老师同场竞技。在课堂上，有张宇老师、方颖老师、牛霖琳老师等等。在 A317 的办公室里，还有事无巨细的文婷姐、工作超认真的张虹老师以及笑容可亲的许有淑老师。

匆匆一年半，在 WISE 的大家庭里，最开心的是结识了一群真实的小伙伴。谢谢你们的信任，在我组织学生活动最无力的时候，因为你们的信任，我才得以坚持下去。希望在 WISE 以后的生活中，希望在离开 WISE 以后的生活中，大家都能圆自己的梦。

作者简介

范建新，厦门大学王亚南经济研究院（WISE）第七届研究生会主席、2013 级专业硕士班班长。2009-2013 年就读于安徽大学金融学专业，2013 年 9 月起在王亚南经济研究院攻读应用统计学硕士学位。

第三部分　青青子衿（各项目学生篇）

◎林立强

WISE、厦大、大陆与我

　　初中时曾读过旅台厦大校友余光中先生的新诗《乡愁四韵》，其中有这样的诗句"给我一瓢长江水啊长江水 / 酒一样的长江水 / 醉酒的滋味是乡愁的滋味"。另一首新诗是《乡愁》，其中又有这么一节："乡愁是一湾浅浅的海峡 / 我在这头 / 大陆在那头"。20世纪80年代，在读到上面两首新诗时，我这个十几岁的少年，心中就埋下了有朝一日想亲自饮一饮长江水、看一看海峡另一边的念头。由于父亲及母亲的家庭分别来自于大陆的华南及华东地区，我从小就常常听祖父母们谈起家乡之地大物博、山川壮丽，加上余光中先生新诗的启发，以及当时对于父辈所谓"乡愁"之不解，我暗自许下愿望，有朝一日一定要亲身踏上大陆的土地，欣赏大陆的美好河山。

　　在台湾完成本科学业并赴美取得匹兹堡大学的商学及信息科学双硕士学位后，我回到台湾，先后任职于工业银行、证券商以及人寿保险公司的投资部门，历时近15年。有一天，在外训的场合遇见WISE台港澳博士班2012级学长廖瑞雄，他是人寿保险公司的主管。正是从他那里，我得知厦门大学WISE面向港澳台招收在职博士生。于是，初中时期那颗小小的心愿开始在我心中发芽了，我想好好利用这个机会，赴海峡对岸最近的地方——厦门——学习经济专业知识，并就近"接地气"。

　　2013年，我们这些已经离开课堂许久的同学赴香港参加大会考，拿到录取通知书的那一刻，我内心非常激动，那番情景至今仍历历在目。最近，我已修习完全部课程，开始转入学位论文撰写阶段。这两年来，最令我觉得无比受用与印象深刻的是，每次周末赴厦门学习，学院都会尽量安排我们与本地的 EDP 高级总裁班聚餐，让彼此交流学习并畅谈合作机会。这对因工作需要经常在厦门和大陆其他地方进行实地查访的我来说，有很大的帮助。除此之外，上课时间聆听经济学院的老师们讲述中国特有的经济现状和发展历程，对于深受美式传统经济思维影响的我也有很多的启发。在课堂上，WISE 的海归老师们讲授最新的统计及数量方法，并用它们来检验当前的一些经济现象，让我顿时与最新的研究潮流接轨。

我可以利用工作之便所获得的数据，用最新的方法来分析和解决我想解决的问题。

在 WISE 的将近三年时间，最感佩的是我的指导老师洪永森教授。当初一直觉得洪老师很会经营 WISE，就像 CEO 经营一家企业一样，有目标、有方法、分阶段，逐步达成目标。后来有幸读了洪院长 2014 年 4 月出版的《中国经济学教育转型——厦大故事》一书后，才真正体认到洪老师建立 WISE 初期之筚路蓝缕。在他的领导下，WISE 与 SOE——一个主国外事务，一个主国内事务，各自发挥所长，并逐步融合，集中战力。书中还引用了经济学院原党委书记张兴国书记所说的十六个字，也就是张书记所理解的两院关系，即"相对独立、亲如兄弟、优势互补、共同发展"。

值此 WISE 成立十周年之际，在上上下下的共同努力下，可说是卓有成就。感谢厦门大学以及 WISE 能给我提供如此中西兼备的学习空间以及十分"接地气"的交流机会，相信在院领导卓越、睿智的领导以及各方精英学生的加盟下，我们能有幸持续精进，不断再创 WISE 的辉煌十年。

作者简介

林立强，厦门大学王亚南经济研究院（WISE）2013 级台湾博士生，1998 年获美国匹兹堡大学商学及信息科学双硕士学位，毕业后先后于台湾的中华开发工业银行、里昂证券、台湾人寿保险公司投资部工作，目前担任台湾复华投信研究处协理。

◎石长顺

在 WISE 读研究生是一种怎样的体验？

初识 WISE 是在 2012 年准备考研时，当时就被 WISE 的学术风格和培养模式所吸引，但由于种种顾虑，我没有填报 WISE。然而，命运自有安排，几经周折，我最终还是来到了 WISE，简直可以说是"歪打正着"。看到国内问答网站"知乎"上的一个问题："在厦门大学王亚南经济研究院读本科是一种怎样的体验？"答案林林总总。我心想，作为 WISE 研究生的感受或许会有些不同，于是就草创此文，谈谈自己的点滴感受。

一、学术

无论来 WISE 的目的是什么，进入 WISE 后，你都不能逃避一个关键词——"学术"。

首先是师资。WISE 有 40 多名全职教师，基本上都是 NYU、Cornell、Columbia 、UBC、Bocconi、LSE、Penn State 等欧美经济学名校毕业的经济学、统计学或金融学 Ph.D。WISE 的首任院长——康奈尔大学经济系讲席教授洪永淼，在计量经济学学界更是声名赫赫。此外，著名华人经济学家、普林斯顿大学经济系终身教授邹至庄每年都会来 WISE 讲学；美国计量经济学协会院士、*Journal of Econometrics* 前主编、南加州大学萧政教授每年为 WISE 的硕、博研究生开设"微观计量"课程，蔡宗武教授则开设"非参数估计"课程。这样的师资配备，国内也仅有北大国家发展研究院、上海财大经济学院、中央财大经管研究院、中国人大汉青学院等少数院校可以媲美。WISE 的老师们也是非常 productive 的，每年发表的论文数量和质量在国内同类院校中遥遥领先。作为 WISE 的特色，每年都有若干篇计量经济学的文章发表在 *Journal of Econometrics* 上，且在 *Econometrica* 和 *The Quarterly Journal of Economics* 等其他国际知名期刊中也有论文发表。

其次是课程。据我了解，WISE 是国内最早全英文讲授"三高"或者拓展版本"八高"（高级宏观经济学、高级微观经济学、高级计量经济学各两册，再加上高级金融和数理经济学）的学院之一。无论是学术硕士还是专业硕士，研究生第一学期都要修习这八门主干课程。每门课选用北美名校使用的主流教材，比如，"高级微观经济学 I"用的是 MWG，"高级宏观经济学 I"用的是 Romer，"数理经济学"使用的是 Simon 的《数理经济学》，"高级计量经济学"则使用的是洪老师在康奈尔大学授课的两本 lecture notes（课堂讲稿），"高级金融"使用的是 Shreve 的《金融随机数学》和 Pennacchi 的《资产定价》。每个老师会根据自己的教学计划增减讲授内容，比如，高宏老师就加入了 dynamic programming 的内容。

WISE 还有很多的学术活动，每周都有好几场 seminar。学院邀请来自学界、业界的主讲嘉宾为 WISE 的师生讲解他们的 working paper 或职场经验。一般邀请的嘉宾都是国内外经济系（学院）的青年教师，也不乏学界和业界的"大牛"。比如今年 3 月末我就听了著名华人计量经济学家李龙飞教授的讲座，4 月初又听了复旦大学韦森教授对中国经济下行的解读。每年学院会举办将近 200 场各类高规格的讲座，这在很大程度上启发了我们的思维，也为我们与国内外的经济学者交流提供了很好的平台。学院对每位研究生的要求是，每学期至少要听 10 场 seminar，每场讲座都要安排一到两位学生写学术简报。除了日常的 seminar，WISE 每学期还会举办几场高规格的学术会议，比如去年秋季学期的中国统计学年会、实验经济学国际研讨会、全国数量经济学博士论坛以及金融创新与银行规制年会，本学期还有中国青年经济学者论坛，等等。每次会议我们都会作为志愿者参加，从接机、送机到用车、用餐，从撰写学术简报到面对面采访"大牛"，我们硕士生和博士生都是全程参与的。这也给我们提供了很多与知名学者交流的好机会，开拓了我们的视野，锻炼了我们的能力。

很多有志于学术的学生，会充分利用 WISE 提供的得天独厚的学术和国际化资源。每年 WISE 都有 20% 左右的硕士研究生出国继续深造，其中不乏 Wisconsin、Cornell、BC、UCSD 等北美名校。在学术市场上，WISE 的学生是广受欢迎的。如 WISE 第一届硕士毕业生钟卓学长拿到了澳洲墨尔本大学的教职 Offer，第二届的学长林忠剑也拿到了美国排名 20 名左右的埃默里大学的教职 Offer。在国内各高校，WISE 的博士生也很"畅销"，先后有学姐学长拿到北京大学、中科院、武汉大学、对外经贸大学、西南财经大学、山东大学等学校的教职 Offer。

二、辛苦

入学前，听往届的学长学姐们形容他们在 WISE 的研究生学习生涯，出现频率最高的一个字就是"累"。虽然已经做了十足的思想准备，但待到真正成为一名 WISER 时，我才真正地感受到这个"累"的滋味。

再次回到令人"谈虎色变"的"八高"。入学前，我最担心的是凭自己底子较为薄弱的英语，会跟不上全英文上课的节奏。入学后，我才发现我只猜对了一半，让我跟不上老师节奏的主要障碍不是英语，而是数学。

每学期"只"有四门专业课，每天两门，隔天重复一轮。随着老师一句"Okay, in the last class, we introduced..."，各种 notation、各种 assumption、各种 proof、各种 derive 就开始"粉墨"登场了。如果有其他专业的同学从外面经过，还以为是在上地地道道的数学课呢！每位老师都会定期不定期地布置 problem sets, homework, assignment 等课后作业。除了课外作业外，当你因为前一晚补作业到深夜 1 点而在课上打盹时，老师一句"Now, let's have a quiz"，能够让你的耳朵立马竖起来。WISE 的男生和经院、管院等学院的男生同住在厦大公寓 H14 号楼，但

WISE 的宿舍很容易辨认，只要你晚上 10 点钟之前从 14 号楼经过，那排黑黑的、熄了灯的宿舍就是 WISE 男生住的，因为那时 WISE 的学生们都还没离开自习教室。作业 deadline 的前夜，同样是那几个宿舍，灯到很晚才会熄灭。

WISE 还有一个让人"头疼"的"工作量"制度，即要求每一位硕士生和博士生需要获得至少 16 分的工作量。而获得 1 分工作量就要为学院做四个小时的志愿活动，产生工作量的主要项目是一些学术会议的志愿活动和采访活动。因为"工作量"这种资源非常宝贵，所以每到有新工作量分发时，大家都会守候在电脑旁，争取以最快的速度发送报名邮件，以获得志愿服务的机会。

此外，WISE 要求每位学生每学期至少要听 10 场 seminar，每学期还需要写两至三篇中英文学术简报。自习和这些活动基本上占据了每一位 WISE 学生的课余时间，因此在其他学院的学生尽情娱乐时，我们只能"宁静以致远"，过一种完全不同的生活。

有的学生抱怨学院要求多、负担重，"剥夺"了大家的学习时间。对此，方颖教授作了解释，因为"学术"是个非常 costly 的活动，学院举办这些活动都是为了让我们能够接触到与国际接轨的学术资源，所以我们理应更主动些。不容否认，这些宝贵的学术资源让我们了解到了最前沿的学术动态，对硕、博士研究生来说，这是非常重要的。

三、我的同学们

我们 2014 级共有 51 位硕士生和 10 位博士生，第一年的主干课程大都在一起上（统计学的同学有部分课程与统计系和数学学院一起上）。

我们这一届的构成非常多元：现在班上有一位同学是我大学本科的直系学长，我当年进入大学的时候，他已经毕业，后来去西部某省的财政厅做了公务员，这是个让人欣羡的职业，然而学长还是毅然辞职，选择到 WISE 继续攻读硕士学位；我们的班长之前是一位程序员，工作了七八年后来到 WISE 继续充电；另一位要好的伙伴本科是中科大物理系的，毕业后去北京新东方学校做老师，醉心学术的他也是放弃了北京的科目教研组长岗位，来到 WISE 追求他的学术梦想；而其余的大多是来自全国各所名校的推免生，他们都是本科阶段学习上的佼佼者。

我能感觉到的是 WISE 的同学们都很纯粹，相当多的同学都怀揣着学术梦想，即使不准备继续走学术道路，也表现出强烈的求知欲和认真的学习态度。因为 WISE 教会我们的不仅是知识，更是一种态度。

多元化的构成也体现在每个同学不同的技能禀赋上。比如，刘大神能够对各种经济学、金融学的 paper "大牛" 们如数家珍，邓大神深厚的 R 语言编程功底，魁霸 ACCA 和 CFA 的大满贯，老达哥对经济思想的沉迷及其 challenge Chow 的画面让人印象深刻，等等。

经常耳闻其他学校的同学说他们研究生阶段的生活非常空虚，但在 WISE，你压根儿没时间空虚。

作者简介

石长顺，厦门大学王亚南经济研究院（WISE）2014 级金融硕士。2013 年毕业于南开大学经济学院，获得经济学和法学双学士学位。

◎覃建琳

WISE 青春不将就

2015，WISE 将迎来十岁生日。而现在，我的研一转眼也快过去了。回顾这将近一年的学习和生活，酸甜苦辣皆有，但我觉得很充实。比如，今天下午听完来自同济大学的袁先智教授的 seminar，和同学到东苑食堂吃饭，吃完的时候整个食堂一楼就只剩工作人员了。而就在写这篇稿子的时候，我还要准备一个 quiz，做两份 problem sets，以及准备接下来三门课的期中考。

学习要努力

与 WISE 结缘其实始于两年前的本科双学位，报名前我咨询了一些修过双学位的学长学姐，他们提到 WISE 是全英文上课而且要求很严。我当时觉得很新鲜，认为能学到新的东西，也是给自己一个挑战。双学位的课程安排在周末，上课之后我才知道原来这里还有 quiz 以及很多院系都没有的期中考，就连课间休息时老师和助教身边都围了一群人问问题。但是给我印象最深的还是 WISE 的老师对教学认真负责的态度。我记得老师有一次上课时因其他事耽误了十分钟，他就对我们说："我会找个课后把这十分钟补回来，这是对你们负责。"

双学位期间"不知周末为何物"的体验让我对 WISE 研究生的学习压力有了一定的预估，我知道肯定不轻松，但不知道竟是那么"不轻松"。研一的课程对大部分人而言都是不小的挑战，各科作业接踵而至，还有不定时的 quizzes。刚开学不久就是国庆假期，大家早在开学前就已经计划好了游玩的行程路线，但在开学领教了 WISE 的课程之后，很多同学

第三部分　青青子衿（各项目学生篇）

的行程变成了"寝室－食堂－自习室"三点一线，捧着书本度过了整个假期。更有甚者，天天学习至深夜。我记得洪老师在一次 teatime 中跟我们分享了 WISE 成立之初学生的学习状况，那时候流行这么一个说法：如果每天睡眠时间超过 5 个小时，就说明你在偷懒。现在虽说没那么紧张，但是我们也几乎是天天泡在模型、公式里，忙碌了一整个学期。想来挺有趣的是，往往考试结束后，整个朋友圈都被一张张流泪的脸占据了。

　　这样的压力我想本科的时候很少会感受到。大家开玩笑说，WISE 的学费交得真值。我们也会有抱怨、有难过，但是同学之间互帮互助，我们在这样的压力下一起奋斗、一起努力。平时我们也会去听一些讲座，WISE 为我们提供了丰富的讲座资源，平均一周四五场，学术类及实务类均有涉及。在讲座中我们可以接触到学术前沿，与学者进行面对面的交流，也可以聆听到业界人士分享他们丰富的人生经历。除了讲座，我们还有很多 teatime，与各界"大牛"交流互动，比如国际权威经济学期刊《计量经济学》前主编、南加州大学的萧政教授，前美国纽约银行中国区董事总经理龚天益老师等等。在这样的环境中，同学们对自己将要走的路也渐渐清晰。

生活不要单调

尽管课业压力巨大，我们也热爱运动，俗话说劳逸结合，效率才会更高，此话不假。周末我们会相约一起去环岛路跑步或环岛骑行，累了就环坐在沙滩上，吹吹海风，无比惬意；一起爬植物园，鸟语花香，山间小道上一路响彻着笑语欢声；一起踢足球、打篮球、打羽毛球，在较量中恣意挥洒青春热血。或者就是简单的谈天、说地、聊人生、聊理想，你会发现其实大家都是很有趣的小伙伴。由于 WISE 的学生人数不多，所以每年运动会几乎是全员参加，正是这个原因，我拿到了人生中第一张运动员号码牌，参加 4×100 米与 30×60 米接力。虽笑谈重在参与，但是我们都在运动场上为了目标击掌加油，奋力拼搏，挥洒汗水，不论结果如何，我认为这已足够精彩。还有些同学参加了厦门马拉松赛，这是青春的激情与坚忍不拔。当然，除了运动，我们还经常参加公益活动，比如在美丽的五缘湾红十字文化广场为特殊儿童及其家庭带来欢乐的游戏盛宴，并呼吁更多的人参与到社会关爱行动中。

所以 WISE 是个学术圣地，但是，它绝不仅仅只有学术。有幸能与 WISE 一起庆祝十周年，愿她越来越好！

作者简介

覃建琳，厦门大学王亚南经济研究院（WISE）2014 级应用统计硕士，2010-2014 年就读于厦门大学管理学院。

◎ 王方舟

在 WISE 的四年时光

本人文笔不佳，但适逢 WISE 建院十周年，心有感触，不得不发。

对 WISE 的认识始于 2011 秋季，机缘巧合修了数理统计本科双学位，又做了班长。一年后，参加暑期夏令营，拿到了 WISE 的硕士录取通知书；又一年后，正式成为 WISE 的 2013 级硕士，截至 2015 年春，已经在 WISE 待了近 4 年。

这是一个年轻的学院，年轻的老师，年轻的课程安排，年轻的教学楼；年迈的只是学院楼中那颗参天大树——老榕树，它象征着希望以及生命力。

"良师"与"益友"是我在 WISE 最大的收获。从双学位开始，我就认识了很多不同专业背景的同学，我们一起做小组作业、一起熬夜讨论那些现在看起来稚嫩但在当时却相当有难度的作业。选择双学位，意味着要放弃大学生涯大半的空闲时间，但我觉得很开心，因为在读 WISE 的双学位时能认识很多有相似追求的人。说到良师，我很感谢我的导师方颖老师，以及因此而认识的我的师兄师姐们。他们让我明白，不一定要追求成为一个外界口中非常成功的人，而是努力做一个有志趣和热爱生活的人。我曾多次跟 WISE 的年轻老师们聊天，他们大多放弃了海外业界的光鲜工作，问及原因，我得到了一个一致的回答：那样的生活是别人眼中成功的生活，而不是我想要的生活。

教育不仅仅是教书，还有育人。WISE 让我学会应对繁重的学业，也让我接触到国际化的视野，它既有严格的规章纪律，也有自由的思想风气；我不仅看到了充斥在学校各个自习室的 WISER，也看到了深夜

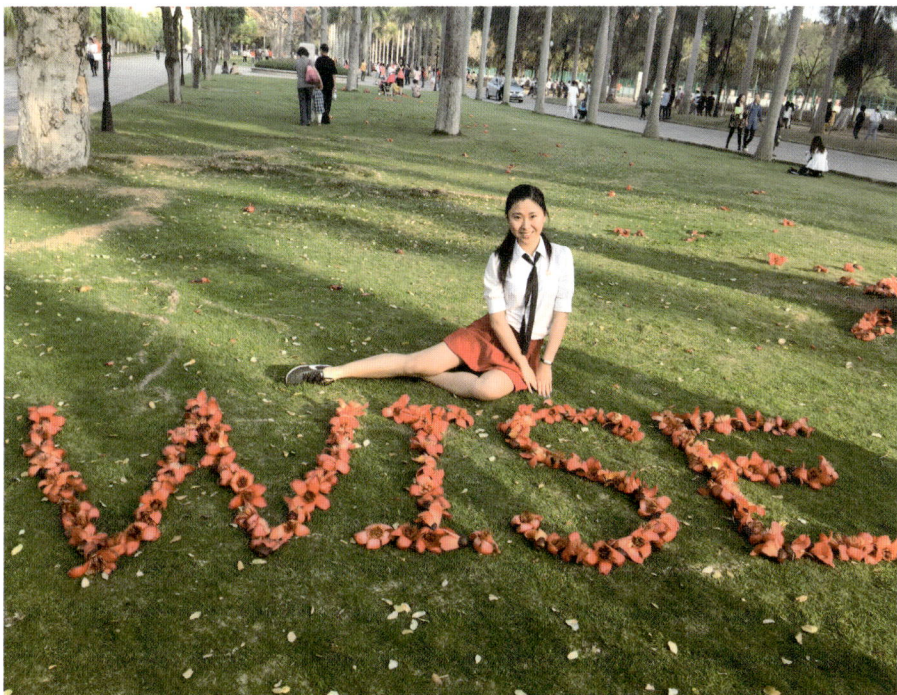

老师办公室亮着灯光的窗口。毫不夸张地说，这是一个师生都在共同努力的学院。在每天的任何一个时间段，你都可以在经济楼见到还在工作或学习的老师或者学生，无论清晨或深夜，经济楼也是学校为数不多的24小时开放的地方。

时光匆匆，还有一年就要毕业了。感谢命运之神垂爱于我，让我有机会进入 WISE 学习，祝 WISE 十周年快乐！

✎ 作者简介

王方舟，厦门大学王亚南经济研究院（WISE）2011 级数理统计双学位毕业生，现为王亚南经济研究院 2013 级数量经济学硕士研究生。

◎王雪源

我行四方，以日以年

阳光很好，我躺在"三味咖啡屋"里懒懒地晒了会儿太阳。

这是我在 WISE 的第三个年头，还未入夏，据说未来几天温度会达到 32℃。扫了一眼窗外，大晴天，一周以前还阴雨绵绵，温度还徘徊在 15℃ 左右，厦门的天气犹如随机游走模型。

我记得 2012 年刚来报到的时候，也是这样的天气。12 级国际班刚成立那几天，大家坐在一起，被军训弄得黝黑，聚堆闲聊，还不认识的我们相互问着名字。那时候觉得，大三大四，保研出国，都是模糊而遥远的事物，如同大雾天看远方驶过的游轮，雾灯的黄光弥散开来，你站在海岸边，揣测着船的轮廓，心中思绪如同涨落的海洋。

白驹过隙一样的日子，间或有印象尤其深刻的瞬间。在 WISE 三年了，用英文上课、写作业、做 presentation 早已成了常家便饭，其间读万卷书行万里路，泡过图书馆，刷过夜，做过一点点学术，也出国交流了一段时间。新学期开始，还是看到了那些熟悉的面孔，每天背着电脑来往于宿舍、教室和学院之间，偶尔想想未来、头顶的星空和脚下的石板路。时间的流逝是没有声音的，但你的确能感觉到，就像默片里浩浩荡荡的风。

我经常会觉得来到厦大再进入 WISE 是件很幸运的事情，这首先是出于一种情结。我是很有些理想主义的，即使如今毕业生竞争激烈、淘汰残酷，也对大学生活存有一份特殊情结。我认为这四年就是应该过得自由而有序，多做些所谓"无用"之事，读些"无用"之书，不管成功也好失败也罢，什么事情都去尝试一下，什么体验都去经历一遍。与我亲身到访的国内其他高校相比，厦大确实给我提供了这样的氛围，WISE 在这种基础上则更进一步。去年与来自德国的 WISE 研究生闲聊，他提到"I feel even more degage in here than my home"，我虽不了解他在德国的状况，但我对这句话中所表达出来的观点深深认同。

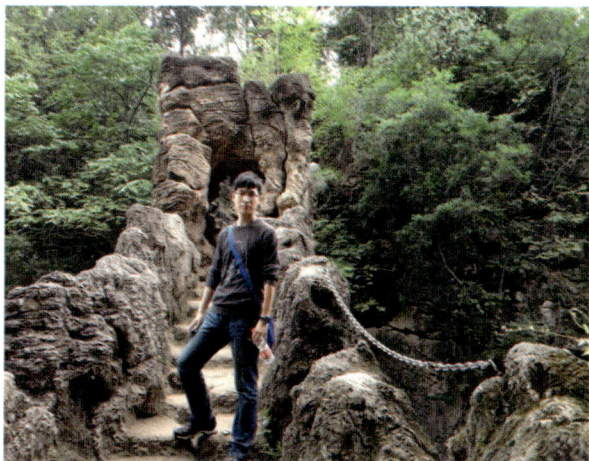

再者是 WISE 的全英文授课。这在刚刚入学的时候是颇有些困难的事，几百页的课本读起来很慢，需要花费更多的时间来理解内容。然而语言就是在频繁的使用中得以提高的，而高层次的英语水平带来的优势与便利几乎贯穿在生活的各个方面：更高效地阅读 paper，更自如地用口语交流等等。很多人为之头痛的语言关对于 WISE 的同学来说简直是小菜一碟。正所谓"当局者迷"，寻常日子里我们大概不会发觉，但我上学期在国外交流时，有几门课的阅读量很大，有的老师语速还很快，当每天绝大多数时间里都必须用英语与世界交流的时候，我才真正感觉到 WISE 的英文环境究竟有多么重要。

我有个不大不小的缺点——特别不擅长记人名，明明介绍过好几遍了，再见面还是认脸不认人。我本以为大学里"班级"的概念更加松散自由，必定得花更长的时间才能熟悉每个人，然而实际情况恰恰相反。三年来，从集体出游乐哉、悠哉，到男生节、女生节以眼还眼、以牙还牙、全家桶的古老风俗，数不清的表情包……WISE 12 级国际班在一起做过许多事。我经常会想，海边小城，放肆的年纪，还未曾有诸多束缚，自由自在的日子，每天都是鲜活的阳光与大雨——能与大家在此时在此地在一起，大哭大笑、你拥我挤、浩浩荡荡地扫过大街小巷，挥霍不同版本、不计其数、不可忘怀的青春，那种整个人与他人紧紧连接在一起的感觉，每一次喜怒哀乐，我都能感受到，每一种性格，都如此生动活泼——这是何等程度的幸福？算来明年夏天，大家要各赴前程的时候，我又得咬几次牙，下何等的决心才能把这四年细细地收拾打包，贴上封条？

王家卫的《一代宗师》中有一句话叫"念念不忘，必有回响"；韩愈的《猗兰操》中有一句话叫"我行四方，以日以年"。2015 年，厦大建校九十四年，WISE 成立十年，WISE 国际班历经四届。即使明年我离开，即使又一个十年过去，我怕是也无法忘记我与厦大、WISE 和国际班一起度过这辈子的二十至二十五分之一，个中滋味，能言说的永远只是冰山一角，那最感动的友谊、最深刻的爱、最铭心的思念，统统都无法言说。

只是有时候，总在尝试着，想让你知道。

其实你知道的。要知道很多很多年以后，那些遥远的往事，会常常像对错焦距一样，我们想了半天，最终也只能记得那种暗黄的斑驳底色。但你一定还会记得，越是无法表达的情感就越不容易遗忘，我猜我们都会记得。

心中余音犹未绝的故事，与前面漫长而未知的岁月。

念念不忘，必有回响；我行四方，以日以年。

作者简介

王雪源，厦门大学王亚南经济研究院（WISE）2012 级经济学国际化试点班副班长，2012 级经济学拔尖人才培养计划成员，厦门大学 2012 级校辩班成员，2014 年 8 月赴欧洲阿姆斯特丹大学交流学习。

◎谢若曦

与 WISE 在一起的那四年

我与 WISE 的缘分，还颇有几分惊险。2011 年夏天，连经济学与金融学都分不清楚的我，仅凭对财经新闻的一点兴趣，就稀里糊涂地填了经院的几个专业，最后被财政系录取。入校后才几天，在一次迎新大会快结束的时候，讲台上出现了两位来自 WISE 的老师，后来才知道是方颖教授和林明教授。WISE 这个建院才六周年的年轻学院，对当时的大一新生而言是完全陌生的。两位老师说：给我们一点时间，介绍一个新创办的项目——本科国际化试点班。他们在主席台上的热情洋溢令我至今印象深刻，他们对这个颇具国际范儿的班级作了魅力十足的描述，顿时吸引了不少人。当时正值军训期间，每天繁重的训练使自己身体疲惫，也没有时间和精力准备 WISE 的录取考试。但看到很多人踊跃报名，自觉录取希望渺茫，于是我就把这件事搁置一旁了。直到报名截止的那天，跟家人通话时偶然提到这件事，爸爸鼓励我说，为什么不去试试呢？我这才赶在辅导员下班前把报名表交了上去。没想到竟顺利通过考试，就这样，我成了 WISE 史上第一批本科生中的一员。

由于是第一群吃螃蟹的人，没

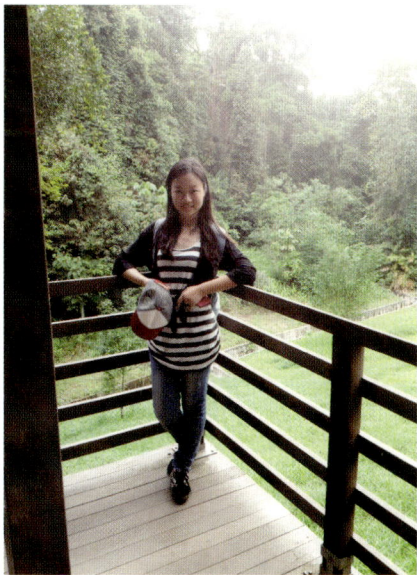

第三部分　青青子衿　（各项目学生篇）

129

有任何的前例可供参考，因此大家私底下经常戏称自己为 WISE 的"小白鼠"。这群"小白鼠"在漳州校区的第一年过得异常艰苦，不是因为地域偏僻，而是因为学习方面的压力。开学不久我就深感自己上了"贼船"，数学分析与线性代数劈头盖脸地一齐压在头上。当时我们还与大一入学时所在系的同学住在一起。宿舍常见的情形是，她们仨在宿舍嬉笑玩闹看着电视剧，而手算能力缺失的我却一个人默默地坐在阳台边，一遍又一遍地跟矩阵运算死磕；或是对着数学分析课本上的诡异证明过程，一会儿诅咒，一会儿惊叹。而最为外人称道的全英文教学，虽不如旁人所想像得那么困难，却也带来了一些麻烦。班上的同学很多英语基础非常好，开学伊始就能无障碍地听课和交流。而我却常常听着听着就走神，课后自己看原版书更是龟速，无奈之下只好买了中文课本对照阅读。长期下来，不知从哪天开始，我惊喜地发现，自己竟然觉得读原版比中文版更顺畅了。不仅阅读，我的英语听说写能力，也在这日复一日的浸染里突飞猛进了。

国际班的老师大都是"海归"，他们的"洋化"不仅在于他们的教学语言，更在于他们与学生间的平等交流。与国内一些课堂老师唾沫横飞、学生鸦雀无声的状况不同，在国际班的课堂上，老师们说得最多的一句话就是"Any question?"。即使大家纷纷摇头，老师们也会不耐其烦地一节课问上十几遍。课间更是大家活跃交流的时间，老师会走到学生中间来，接受大家的提问，交流对当前国内外经济形势的看法，也会询问大家上课的感受，并征求建议。而课后的 office hour 更是为学生创造了与老师进一步交流的良机。无论是与上课有关的疑问，还是毕业深造方面的困惑，只要抛向他们，你一定都能得到耐心、仔细的回答。从未有老师因为学生占用自己的时间而表示不满，相反却常有老师抱怨我们没有充分利用这个时间。老师们都有丰富的海外求学和生活经历，课间和课后也常常能听到他们妙趣横生的小故事，这成为大家课余闲话的小料，为紧张的学习增添了不少乐趣。

WISE 对我们也是关怀备至，最具 WISE 特色的要数 Teatime 和聚餐了。大一大二，几乎每个学期 WISE 都会安排一至两次老师与学生的聚餐活动。特别是大一，有时是派车把我们接来本部，有时是直接在漳校。院里的所有任课老师纷纷列席，饕餮之间，师生之间的距离感化为零。

另外，每隔一段时间 WISE 都会在咖啡馆里举办 Teatime，学院老师们都会轮流出席。在咖啡香弥漫的空气里，大家端着饮料，轻松随意地走到想要与之交流的老师面前，便能聆听一场经验分享或者答疑解惑。

WISE 也给我们开设了一些颇具特色的课程，比如"商务英语"。在每学期都有的这门课上，外籍老师们教给我们 presentation 的技巧、简历的撰写与润色、面试的着装规范甚至用餐礼仪等等。讲授西餐那节课，Helen 老师还特地带我们去了她认为的厦门最地道的西餐厅用餐。

在这四年的学习里，最有感触的自然要数 WISE 浓厚的学术氛围了。自从搬来本部后，各种高规格的学术会议和讲座纷至沓来，让初入经济学大门的我得以见识不少海内外赫赫有名的"大牛"学者的风采。虽然常常听得一知半解，但在这种氛围的影响下，自己也开始慢慢了解经济学各个领域的研究方向，这对我学术兴趣的培养和毕业深造的选择都产生了潜移默化的影响。

不仅是学术素养的培养，学院也传递给我们对于学术品格的坚持。在大四上学期的论文课上，孟磊老师手把手地把我们领入了学术论文写作的大门。也许这门课的很多内容我会忘记，但是我想老师对学术品格的一再强调我会铭记终生的。我记住了她所说的，为什么我们不能抄袭？后果很严重是次要的，更重要的是因为："We are students of truth"。

毕业后继续出国深造的打算是自入校之初就已有的，当初国际班的宣传对我的吸引力，最主要的部分就来自于它能为今后出国留学打下更好的基础，这包括了难度更高的数学课和使用与国外本科一致的原版教材，更别提英语能力日积月累的稳步提升了。进入国际班这个出国留学氛围浓厚的集体后，我的这个想法更加坚定了。犹记得一位任课老师在回答我们要不要出国的问题时，曾戏谑地说：出去你会后悔几年，不出去你会后悔一辈子。而当我确定了自己想要继续在经济学的道路上前进时，去国外接受更严谨的学术培养就更加成了我毫无疑问的选择。四年转瞬即逝。在我大四上学期出于申请需要找老师们写推荐信时，虽然时间很赶，但他们都无一例外地一口答应。在我看来，这既是出于平时交流互动的信任累积，更是出于他们对自己的学生前途的关心。在此真的要特别感谢我的推荐人范青亮老师、王学新老师以及王焰金老师。不仅如此，每一个知道我在申请出国的老师，不论是任课教师、学业导师还是论文导师，都时常从繁忙的工作中抽出时间，与我一起详细比较各个学校之间的差别，为我选择到最适合自己的项目提供了很多宝贵的建议。也正是在与他们的交谈中，我渐渐明晰了自己以后的道路。在他们的帮助下，我如愿申请到了自己梦想的学校。我也将带着 WISE 教给我的知识与品格，继续在自己的学术之路上前行。

作者简介

　　谢若曦，厦门大学王亚南经济研究院（WISE）2011级（首届）经济学本科国际化试点班学生，即将于2015年6月毕业，毕业后将继续出国深造，目前已收到来自杜克大学、波士顿大学、不列颠哥伦比亚大学、香港大学、西班牙央行金融与货币研究中心等学校及机构的经济学硕士项目录取通知书。

◎张玲玉

WISE, 美好的青春时光

时光匆匆，转眼间，作为第一届 WISE 本科国际化试点班的学生，我们即将走完大学四年的时光。从 18 岁到 22 岁，在人生中最美好的青春时光，遇见 WISE，在这里学习、生活、成长，幸甚至哉。

回想起四年前的九月，初入大学的我们还在军训的烈日下挥汗如雨。第一次听说 WISE，进而接触国际班，是在方颖老师和林明老师到漳州校区开招生宣讲会时。之后对是否要参加国际班的考试，自己内心纠结了好一阵子。在宣讲会中，我了解到试点班更加注重国际化教学和数学基础，考试科目也是数学和英语。而作为文科生的我，本来数学基础就相对薄弱，加之听到课程设置中有物理课程的学习，而在高中阶段我的物理学得简直一团糟。基于这两方面考虑，我对选拔考试并不抱有太大信心。不过，在家里人的鼓励下，我终于做出了决定——报考国际班。随后，我就参加了 WISE 国际班的选拔考试，接着就是焦急的等待。晚上 6 点多，接到 WISE 老师的录取通知电话后，我着实兴奋了好久。而国际班的教学和生活，就这样为我开启了一扇新的大门。

作为 WISE 毕业的第一届本科生，我们见证了 WISE 不断完善的教学体制和不断优化的师资力量。这里，我想主要谈谈我们的学习。

在 WISE 学习，第一个特色要数全英文教学了。我的英语听力不是很好，刚开始在课堂上不能完全跟上老师的思路，只能在课后花更多的时间去预习和复习。当然，全英文教材对我来说也是一种挑战，经常由于不懂的生词需要查词典、不懂的句子结构需要分析，而要比温习中文教材耗费更多的时间。但是经过第一个学期的训练，当我真正适应了阅读英文原文教材，且在课堂上听懂英文讲授的时候，语言障碍已消失于无形。甚至有时反而觉得英文的讲述更易于理解，在这样的过程中，我的英语水平有了质的飞跃。

此外，WISE还有丰富的讲座和研讨会。例如，学科入门指导系列讲座使我们对经济学各个分支学科的研究方向有了初步的认识，进而可以找寻自己有兴趣的领域进行研究。而在WISE的生活，最大的体会就是经常有Teatime能和导师以及其他老师沟通交流。从大一到大四，几乎每个学期，WISE都会组织这样的茶话会，老师和学生可以有更多的接触机会。我们在同老师的交流中，可以得到很多宝贵的学习建议，对日后的研究、工作和生活都有很大的帮助。

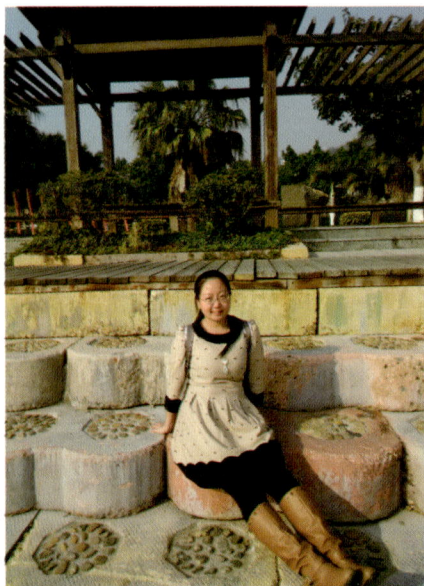

而我真正对WISE的教学有更深刻的体会，还是在参加保研夏令营期间。当我真正和其他高校的学生进行交流和比较时，我发现WISE真的给予我们很高的平台，让我们的优势明显地表现出来。当在保研夏令营中笔试答题时，我才发现在WISE打下的扎实的数学功底是多么重要。不论夏令营考试侧重计量经济学模型的推导证明还是数理经济学方法的实证应用，我们都可以依托已学的知识轻松应对，平时花费的心血都在考试中得到了"回报"。而英文面试对我们来说，也是"小菜一碟"。由于国内研究生教育正逐步与国际接轨，国内高校更倾向于接受英文基础好的学生，我们所接受的全英文授课使我们在竞争中优势明显。除了全英文授课，WISE开设的多样化的选修课程也为我们将来的研究作了很好的铺垫，并在夏令营选择专业领域时给我们提供了指引。至于在WISE国际班学到的扎实的数理知识、严密的逻辑思维和多样的分析方法，都会在未来的研究历程中发挥作用。

当初选择国际班，好像是大学阶段自己做出的第一个决定，也是最受益无穷的一个决定。它让我可以进一步迈向高等学府深造，也为我日后的研究道路奠定了最坚实的基础。虽然我终究要离开 WISE，但我的青春时光流淌过这里，最美好的回忆寄存在这里。

最后，祝福 WISE 能有更美好的明天！

作者简介

张玲玉，厦门大学王亚南经济研究院（WISE）2011 级本科国际化试点班学生。2013 年 9 月至 2014 年 1 月至台湾台北大学经济学系交流，2014 年 8 月通过保研夏令营保送至北京大学经济学院人口资源环境经济学专业。

◎张万昌

WISE，我梦想的起点

一晃四年，若白驹之过隙，忽然而已。刚入学时的一次考试选拔让我与 WISE 结缘，也改变了我的人生轨迹。还记得那时的我甚是茫然，对未来的道路选择有很多困惑，而与 WISE 的相处让我如沐春风。

第一次踏入 WISE 的课堂，全英文的教学模式深深地吸引了我，教授的渊博学识令人叹服，浓厚的学习氛围也让我更加用心地学习专业知识。起初，全英文教材、全英文教学以及全英文的课后作业和考试对我来说并非易事。而且，WISE 还非常重视对数理基础的培养，将高等数学替换成了难度系数更高的数学分析，也让我面临了更多学业上的挑战。所幸的是，WISE 一次次精心准备的 Tea Time 活动，犹如及时雨，使我得到了许多宝贵的建议，让我以全新的姿态迎接各种挑战。教授们和蔼可亲、平易近人，毫无保留地讲述他们学习、生活的经历和体会。与他们一次次面对面的沟通交谈，让我感受到 WISE 的浓浓温情，也拉近了我与 WISE 的距离，让我很快地融入了 WISE 的大家庭。

在这里，我特别想感谢龙小宁教授。当听说我学业上遇到困难时，龙老师十分耐心地为我分析问题，向我传授学习经验，包括如何安排课外学习时间等。她给我提供了许多解决问题的思路，并且鼓励我不断尝试，努力克服困难。她告诉我，英文水平的提高贵在坚持，持之以恒；数学分析重在理解，需要沉下心来，不厌其烦地思考各个定理背后的逻辑以及它们之间的联系。鉴于英文对未来的发展十分重要，她特地向我推荐了很多非常有帮助的英文学习网站，让我充分利用课余时间加强练习。正是在她的帮助和鼓舞下，我终于不断克服学习上的难关。

在 WISE 学习的四年时间里，静心和专注让我获益匪浅。在大学里，我们拥有自由的空间，同时也面临着许多诱惑。如果焦躁不安，思前想后，患得患失，在无关紧要的事上徒耗精力，那么便无法专注于有意义的事。WISE 浑然天成的学术氛围，让我戒骄戒躁，专注学业，力求格物致知，诚心正意。

大三时一次偶然的机会，我读了一本书叫做《菊与刀》的书，它主要以一个美国人的视角剖析了日本文化及其精神内涵。随着对日本了解程度的加深，我对日本的兴趣也越来越浓，还抽空学习了三个月的柔道。与身边大多数同学选择申请欧美学校继续深造不同，我萌生了赴日本留学这条"非主流道路"的想法。

虽然没有前人的经验可循，但我还是决定全程 DIY 申请。首先是日语，我去外文学院旁听了很多日语课，经过自己的努力和老师的帮助，九个月时间里我便达到了日本大学所要求的 N1 水平。其次是研究计划书，这是申请日本学校同申请欧美学校间最大的不同之处。日本大学的教授有着决定最终是否录取学生的权力，他们十分看重学生的学术潜质，并关注学生的研究兴趣是否与自己契合，因此研究计划书是整个申请过程的重中之重。经过较长时间的了解和衡量，我选定了申请京都大学经济学研究方向的科矢野刚教授作为导师，并开始着手写研究计划书。

可以说，WISE 全力支持每个学生追求自己的梦想。在这里我特别想感谢李迎星教授。从研究计划书的选题、研究方法、写作甚至到一些用词的细节方面，李老师都非常认真、耐心地给我建议，并提供了很多帮助。经过反复修改，我顺利完成了研究计划书。也许是机缘巧合，有一天李老师通知我京都大学的奥井亮教授将来 WISE 参加学术研讨会，我十分珍惜这个机会，立刻前往。研讨会后，李老师热情地把我介绍给奥井亮教授，我和奥井亮教授约了时间单独交谈。奥井亮教授平易近人，通过这次交谈我对京都大学更加了解，京都大学浓厚的学术氛围和

第三部分　青青子衿（各项目学生篇）

137

"京都学派"的魅力深深地吸引了我，让我更加向往。最后，经过书类审查和三十分钟的 Skype 面试，我终于顺利地获得了京都大学经济学方向 2+3 硕博连读项目的录取通知书。当我写信告诉洪永森老师我被京都大学录取并想申请日本文部省 MEXT 奖学金后，洪老师亲自帮我写推荐信，并帮助我顺利获得了奖学金。人生并非既定，而是由种种偶然和机缘巧合组成，当初的我没想到能与 WISE 结缘，更不会想到四年后有机会赴日本留学。常常漫步于经济楼 N 座后面的那片小竹林，流连于经济楼的一草一木，那一份宁静令人神往，我想 WISE 教给我的便是享受每一次偶然，触摸每一次改变，脚踏实地，宁静致远。

WISE，是我梦想的起点，这份恩情，我将终身铭记在心。

作者简介

张万昌，厦门大学王亚南经济学院（WISE）2011 级本科国际化试点班学生，目前已获得日本京都大学经济学硕博连读项目、香港大学经济学硕士、新加坡南洋理工大学应用经济学硕士、新加坡国立大学应用经济学硕士录取通知书，并将于毕业后前往京都大学深造。

經濟樓

第四部分

春华秋实

（校友篇）

◎方燕玲

献上我的感恩与祝福

　　五年前初次进入厦门大学王亚南经济研究院（WISE）参加两岸学术活动，立即就被WISE的国际化及其在学术上追求创新的活力深深吸引了。经过一年的准备，并于香港考点——香港科技大学参加了两天的会考，终于在2011年7月无比欣喜地接到了录取通知，成为WISE招收的第一届港澳台金融学在职博士生。由于WISE以计量经济学闻名，这对于身居管理职位且在实务界打拼多年的我来说，重新回到教室，去从事艰深的计量经济学研究，无疑是一种严峻的挑战。所幸班上的几位高手同学在课前课后自动充当了助教，为大家开导解说，我们才挺过一个个难关。为了让自己学业有成，大家手不释卷，甚至在机场候机时，也争分夺秒，个个埋头研读，这也成了机场候机室一道特别的风景线。

　　今年是WISE十周岁华诞，我何其有幸，亲眼见证了WISE在我们的大家长洪永淼教授的擘划和领导下，在最近五年内快速成长与发展的历程。除了增建新大楼及院区增设艺术人文空间外，更有许多讲座活动。每每踏入经济楼院区，我便立即被各种海外交流及留学讲座讯息所吸引。我们上课的时间大多安排在周末，但即使是在周末，每间教室仍会出现满座的场景。年轻学子和我们这群已逾不惑之年的学子相互交错，构成了一幅别具一格的学习画面。这当然更要感谢所有的教导老师牺牲周末时间，全天为我们传道授业解惑。求学期间，每每到校，除了紧凑的课程，学院也会安排我们参加各种讲座，并与年轻的学子互动。在这里，我们领略了经济学诺贝尔奖得主演讲的风采，也好奇地参加了中秋佳节博饼联谊。总之，丰富多彩的活动，让我们暂时缓解了课业上的紧张压力。

由于我们是 WISE 第一届港澳台金融学在职博士生，通常被称为"黄埔一期"，肩负着承前启后的责任。班上的同学大部分是来自台湾金融界尤其是期货界的顶尖高手，因此大家在计量经济学领域还算得心应手，但当进入论文开题、文献收集、主题架构和撰写阶段时，才发现这是真正挑战的开始。整整两年时间，我几乎每天清晨都是四点起床，一点一滴地将近十二万字的论文逐步完成。在此我要感谢我的导师赖小琼副院长，正是因为她的耐心指导，我才如期完成论文并顺利毕业，于2014年9月获得金融学博士学位。

我在 WISE 的回忆是如此的美好而深刻，除了师长的授业解惑，更透过与经济学院 EDP 各个总裁班的交流，同厦门企业界的朋友建立了深厚的情谊。我们分别在两岸组建了厦门大学经济学科台湾校友会及"厦门大学经济学科同学会"，作为常态性的联谊及经济合作交流组织。我有幸担任第一届及第二届"经济学科台湾校友会"理事长，除了台湾校友本身的联谊，更架起两岸经济学科同学之间的学术交流、游学、企业参访及高尔夫球队比赛联谊等活动。

如今虽已毕业，但只要 WISE 有重要的活动及讲座，我都会把握机会回到这个大家庭"重温旧梦"。我常在家人及朋友面前"炫"一下自己在 WISE 期间的学习和研究，好通过这种方式留住那段美好的回忆。尤其值得一提的是，在 WISE 建立的师生和同学情谊是永续绵长的。为此，在这 WISE 十周岁前夕，谨献上我的无限感恩与祝福！

作者简介

方燕玲，厦门大学王亚南经济研究院（WISE）2011级金融学博士生，KPMG 毕马威台湾控股公司副董事长，厦门大学经济学科台湾校友会理事长。

◎郭辉铭

非典型 WISER 求学记

机缘巧合，邂逅 WISE

我与 WISE 的结缘，纯属偶然。2005 年 9 月的某一天，我在随意浏览网页时得知，厦门大学经济学科新成立了一个研究院——WISE，2006 年即将首次通过硕士生入学考试招生。更吸引我的是，WISE 的专业课程考试只有两本指定教材：一本是范里安的《微观经济学》，这当时是我半年前刚刚选修的课程，还获得了大学成绩单中的最高分；另一本是布兰查德的《宏观经济学》。此前，由于担心考研复习进度太快，暑期我还回家玩了近一个月。随着考研时间的日益临近，我掂量自己可能来不及复习全国金融联考的各种教材了。于是，报考这个陌生的研究院就成为比较现实的选择。虽然当时我对 WISE 了解不多，但还是可以从招生简章中略知一二的。除了久仰大名的洪老师，研究院几乎囊括了经济学科最优质的师资力量。事实证明我的选择是正确的，我以笔试成绩并列第一的身份进入复试。

我的面试经历显得有点惊险，从"晴"到"多云"再到"狂风骤雨"。在简单的自我介绍之后，随机抽取了两道题目作答。一是工会谈判力量对就业的影响，二是沃尔玛、家乐福、诚达等超市的市场结构。对这两个题目，我胸有成竹，侃侃而谈，15~20 分钟的规定时间很快就到了。不料在我答题的时候，陈国进老师从 D110 的后门进来，不声不响地坐在了后排。就在我以为面试即将大功告成的时候，陈老师开始发问了。

从公司金融到金融工程，从本科毕业论文到未来研究方向，问题一个接着一个，且一个比一个尖锐，我很快就招架不住了。临近结束，据说是莆田老乡的杨志勇老师再来"补了一刀"，他要我在最后的 2~3 分钟时间内用英语论述"How do you think of the development of Chinese economy?"这猝不及防的提问，让我之前仅余的一点自信心一下子荡然无存了。最后，复试就在我磕磕巴巴的英语中结束了。幸运的是，我并没有被狂风骤雨"刷"掉，最终如愿忝列为 WISE 2006 级硕士班的一员。

硕博连读，痛并快乐

在 WISE 的前两年，无疑是在厦大学习和生活中最愉快的时光。在 WISE 2006 级硕士班，有着一群志同道合的同学们，这也是我自称"非典型 WISER"的一个重要原因。与其他年级不同，WISE 2006 级硕士班有其鲜明的特征：首先，这是一个男女比例高达 2 比 1 的班级，也是 2005～2010 级的六个年级中唯一一个男女比例超过 1 比 1 的班级。男生数量众多，为我们开展各种文体活动提供了坚实的群众基础。东苑篮球场、前田烧烤摊成了我们释放学业压力的重要场所，我们在那里留下了太多青葱岁月的美好回忆。其次，这是唯一一个毕业之后各奔东西、怀念厦大却没有一个人留在厦门工作的班级。也许是因为厦门生活安逸，不能装下年轻的理想与抱负；也许是因为只有远离厦门，才能永远留住所有的美好回忆。再次，这是一个生源来路最为广泛、多样的班级。不只本科毕业院校不同、专业各异，而且调剂生源也占据了相当比例。特别是调剂进入 WISE 的同学们，学习异常勤奋刻苦，至今仍在学术研究的道路上孜孜追求，现已陆续在 JOE、JFE 等国际顶尖的英文期刊上发表高质量的学术论文。

至于自称"非典型 WISER"，还有第二个原因，那就是我属于从 WISE 毕业但不继续从事学术研究的"另类"博士生。其实，早在报名硕博连读选拔之际，我就预感到自己未来的职业发展方向不是学术研究。但是，我也很清楚地知道，如果只有两年的学术训练，实在不足以满足我对学术研究的好奇以及未来长远的职业生涯规划。非常幸运的是，课程成绩并不优秀的我，居然搭上了硕博连读选拔的末班车。与大多数攻读 WISE 博士学位的同学一样，我也有着一段不为人知的压力与痛苦。期间，或因另选研究领域而彷徨，或因发表论文而焦虑，还因兼职辅导员工作导致时间冲突而苦恼。如影相随的研究压力，让我感受到了"人在睡、Code 在跑"亦幻亦真的神奇体验，患上了每天下午的"咖啡依赖症"，也熬出了更多的"少年白"。毕业论文答辩之前，尽管我的中文论文已经刊出，英文论文也在 R&R，完全达到了 WISE 的毕业要求，且外部专家对我的博士论文的匿名评审也都在 90 分左右，但是直到王美今教授宣布我通过博士论文答辩的前一刻，我还在为自己能否顺利毕业而提心吊胆。每当我回想起博士论文答辩的场景，一幕幕历历在目，至今仍心有余悸。

些许遗憾，心怀感恩

虽然一直盼望着早点毕业，但是在毕业临行之际，我对厦大、对 WISE 还是有着些许不舍，更留下诸多遗憾。我遗憾没有更加珍惜 WISE 的学术氛围，开阔研究视野；遗憾没有好好珍惜纯粹的学术生活，发表更多论文；而最大的遗憾莫过于无法参加毕业典礼，不能与"传道受业解惑"的 WISE 的老师们一一道别。

毕业之后，我就来到了中国银行间市场交易商协会（NAFMII）工作。在 NAMFII，我有幸见证并参与了中国债券市场的改革发展，犹如我在 WISE 有幸亲身体验了中国经济学的现代化与国际化转型一样。从这点上来说，我又是非常幸运的。工作近三年来，我愈加坚定地认为当时硕博连读的选择是明智的。因为系统、科学、严格的学术训练，对于拓展研究视野、提升研究范式，有着太多潜移默化的影响，对我今后的发展大有裨益。

现在，我虽然身处北京远离厦门，但是时常能感受到 WISE 大家庭的温暖，尤其是在收到那一份份 WISE 院刊和一封封节日问候邮件的时候。在 WISE 成立十周年之际，由衷感谢 WISE 的培养和教育，感谢 WISE 教学研究和行政技术人员的关心和帮助。此外，还要感谢 WISE 让我在这里遇见自己的终身伴侣。希望未来的 WISE 桃李满天下，声誉出神州。

作者简介

郭辉铭，厦门大学王亚南经济研究院（WISE）2006 级硕士生、2008 级博士生，现任中国银行间市场交易商协会（NAFMII）秘书处项目主管。

◎ 林田田

从 R 代码开始

——忆在 WISE 的时光

此刻，我刚刚提交完"时间序列"期中考试的文档。最后的一问，我用 R 代码解决了一道优化交易策略的开放题，当我得到一个累计收益率 12 倍于原交易的策略时，我感觉仿若抵达了"人生巅峰"。

其实，读研时学校并没有教我们用 R 语言，我们用的是 STATA。我之所以能在遇到时序问题时立刻想起 R，是因为我是 WISE 数理统计双学位的学生。

WISE 和双学位学生的关系，就像是《哈利波特》里那些学院和学生的关系——是 WISE 选择学生，而不是学生选择 WISE。我们是 WISE 第一届统计班的学生。刚开始这个项目差不多有一两百人，但坚持到最后的估计也就五六十个。在我眼中，WISE 的"分院帽"里只有一个标准——能吃苦。

是的，WISE 太难读了。每周末都要上课，而且全都是数学课，对我们来说数学课用中文授课就已经很费解了，更何况还要用英文，上完课我们还得回去码代码，用过的软件包括 R、Stata、Eviews、Clementine。码完代码我们终于把

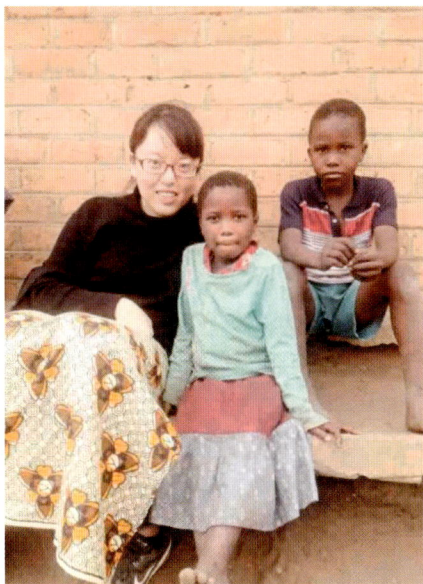

147

作业交了，可期中考来了，等我们再做完一份作业，期末考又接踵而至。我本科就是经院的学生，大学期间感觉自己专业课中能与 WISE 课程难度相较的，只有大三上学期的"金融工程"一门课。本科期间，最让我记忆犹新的一晚，是刚考完 WISE 第三门课的期末考，明天自己专业要考的"金融工程"一点没复习，我站在学院二楼的走廊，眼泪忍不住掉下来，末了，擦干了眼泪继续下楼学。大学期间，我妈最经常劝我的话就是："别太累，大不了双学位别读了。"现在回想起来，真是幸好啊，在年轻力壮、精力尚足的年纪里，我没心疼自己，而是成了坚持到最后的那批 WISE 双学位学生。

WISE 对我的影响很大，不单是因为它教会我使用软件对不同类型的数据建模，更重要的是它给了我一种思想——想尽办法、用程序和数学解决问题。印象深刻的一晚，WISE 组织了一次网络文本挖掘的讲座。那一次，我才知道，原来数据可以这样找——比如 $PM_{2.5}$ 指数，没有历史数据，只有每日更新的数据，那怎么办呢？写个爬虫每天把它。后来，我真的用 Python 写过爬虫，把过情形类似的北京市交通数据。从懵懵懂懂地进入 WISE，到有自信去学一门新的编程语言来解决一个实际问题，这种改变已经不仅仅是技能上的了。

其实这种改变不单源于课堂，还来自于 WISE 人的示范作用。WISE 给我们提供了很好的交流条件，从午后的讲座到宏、微观午餐会，再到 WISE 研究生自己办的"思享者"CLUB，大量的 WISE 学生和各界老师，如此精力饱满地向我们展开数理的世界。老师的讲座和授课自不必说，WISE 的学生如此优秀，让我感觉到活力与压力并存。让我印象深刻的有任乾、任坤俩兄弟，我经常在知乎的 R 语言板块见到任坤学长的身影，任坤学长还在 gitbook 上写 R 的教程；任乾学长稍少见，但据说他在做的东西非常具有创新性。所以，但凡用心深入 WISE 的学生，都会感觉到水面下不断涌动的活水，同辈们和老师们不断做出榜样，身处这股往前涌动的潮水中，但凡积极者都能随着潮水前进。

WISE 在成长上给过我太多助益，现在在国外遇见来自中国的经济学老师，只要听说我是厦大的学生，都会评价道："你们的经济学科很好，特别是统计。"我真感觉这份赞誉来之不易。两院改革时，我也是叫苦不迭的学生之一，但现在继续学经济学后，才发现自己深深受益于当时两院严格的教学和考核。

　　离开 WISE 和厦大已经快一年了。走的时候学院正在盖新楼，我常去自习的教室估计也不在了。当年"仰望"的学长学姐们，有的已经毕业，有的现已研三。我在这遥远异乡的晚上，从一段 R 代码开始，回忆起 WISE 的三年时光，一路回首，感激满溢。

　　白城四季的浪涌，南普陀寺朝暮的钟声，鲁迅像前紫荆树的冬日花雨，和 WISE 相交的那几年，我背着统计课本从这些景物和声响中穿过。晨光沐浴的亚南像、月色浸润的文庆亭、午间课歇时脚步匆匆的人群，这是两院学生共同的回忆，也一起见证了我们步履不歇的求知时光。

作者简介

　　林田田，厦门大学王亚南经济研究院（WISE）2011 级数理统计双学位学生，现攻读日内瓦国际关系与发展学院经济学硕士。

◎ 倪超

遇见你们，就见证我们对 WISE 的爱

前言·WISE 初体验

那个夏天，木棉纷纷，凤凰花开，我站在三家村的路口，正在思考一个决定。无巧不成书，一朵木棉花砸在了我的头上，据说每逢木棉必有喜，是收获一个爱人，还是收获一份温暖？我不知道。当时，我只是一个懵懂的大三本科生，正和同学一起考虑是否要报名修读 WISE 的双学位。那位同学报名了，而我却放弃了，当时我正站在人生的第一个岔路口。我与 WISE 失之交臂，可能是因为我还没有做好准备，没有发现她的温暖。

两年后，同学通过在 WISE 的努力，拿到了 WISE 双学位的第一名，很快又成为美国著名高校的优等研究生，他还收获了爱情、友情等等。当时除了羡慕，更多的是遗憾，但我并不后悔，因为 WISE 的种子此刻已在我的内心生根发芽。

因缘际会·我要成为 WISER

好多年过去了，当我结束了科研课题回到厦大时，我遇到了一个WISE 留学准备课程项目的台湾同学，她热情而富有生机的个性和之前的默默无闻简直判若两人，这让我领略到了 WISE 独特的魅力。也许，之前我错过了，但谁说就没有机会了？就这样，我怀着忐忑的心情参加

了 WISE 硕士留学准备课程项目的宣讲会，没想到，宣讲老师竟是我舍友的同学。于是，冥冥之中有个声音告诉我：It is the right time to do it, do or never!

同学情·朋友情·师生情

我选择了新加坡管理大学硕士留学准备课程项目，成了一名 WISER。我发现进入这个项目的同学，专业背景千差万别，有的擅长文艺，有的擅长体育，有的励志成为学术"超男"，有的正在辛勤经营自己的生意，好一派生气勃勃的景象。大家相互学习，互通有无，而我有幸被任命为项目班的班长，成为大家沟通交流的桥梁和纽带。我们是一个真正的集体，有共同的爱好、共同的目标、共同的梦想。

在 WISE 那一年过的生日，是项目班的好友给我过的。其实在这之前，我完全没有想到这次生日会令我如此难忘。在所有人的欢笑声、生日许愿声以及为自己成为 WISER 的欢呼声中，我哭了，不仅仅是因为你们爱我，更是因为我也爱你们。是什么让我们聚到了一起？是 WISE，有了您才有我们的欢笑，您是大树，我们是叶子，我们将会传承这一份精神！感谢 WISE！

在 WISE 的那一年，我们在生活上得到了 WISE 项目办公室老师的悉心照料，在学业上得到了授课老师的鼎力支持和学界名师、业界精英讲座上的启发式教育。虽然我们在完成一年课程后就要离开 WISE，但是我们一直与学院的老师们保持着联系。

成长·与 WISE 一起

谁的心中没有梦想？恰恰是 WISE，见证了我们的成长。

其实在 WISE 的学习十分紧张，我们每周都有 5 门全英文授课的经济学课程，有的同学甚至还要实习，刚开始有些无法适应，加上随之而来的 project 和期中、期末考，那时我时常希望老天每天能给我 26 个小时。现在回想起来，那段时间的压力确实比较大，但在这种压力下我们学到了很多，也获得了成长，完成了蜕变。

WISE 留学准备课程项目对我的帮助无疑是全方位的。全英语教学其实已经为我们在国外的学习和生活打下了坚实的基础。来到新加坡之后，我才发现原来 WISE 的课程设置与国外院校一致，让我在学习中无缝对接，很好地完成了过渡。除此之外，WISE 还帮助我们省去了繁杂的申请过程，老师和学长学姐的帮助使我们在申请国外院校的过程中节省了相当宝贵的时间。当然，WISE 项目的另一大魅力在于与学界名师、业界精英的接触。我记得在 WISE 的那一年中，我就参加过 10 次以上的讲座、交流会、Teatime 等，这些机会也让我们更全面地了解了金融行业的发展动态，以及更好地制定未来的人生计划、职业目标。

见证·WISE 大事件

在 WISE 的新年晚宴上，我们齐聚一堂，许下了新年的美好愿望。出国之前，WISE 还给我们举办了隆重的毕业典礼与晚宴。一起出国，无论你到哪个国家，我们都是 WISER。当时行政老师还说："出了国，大家不要忘记发朋友圈啊，我知道你们不会忘记的，每日三条朋友圈自省。"是的，即使到了今日，我们也没有真正感觉分开过，因为 WISE，我们一直都是一个集体。

在 2014 年 6 月 28 日下午，厦门大学－新加坡管理大学合作七周年庆典在 WISE 进行。新加坡管理大学应用金融准备课程项目已经开展了七个年头，WISE 留学准备课程项目曾经打开了我个人的一扇窗，也正在打开更多人的心扉。

现在·心系 WISE

其实对于留学而言，WISE 是根，也就是我们大家共同的家。WISE

的精神没有变，我们依旧在国外聚会、学习、成长、旅游，当我们在泰国、在新加坡、在马来西亚时，时常也会想到 WISE 的各位现在还好吗？当我们在无助、绝望时，也时常会想起，因为 WISE 和你们，我们不会孤单。当我们成功、喜悦的时候，多么希望你们能够看到。

未来·WISE 是根

在新加坡学习和找工作无疑是辛苦的，我也时常在想，各位 WISE 的好友，你们现在身处世界各地，是否安好？是否也像现在的我一样，为今后而拼搏奋斗？每每想到这里，我就会翻出旧照片，看看当时我们一起玩乐、一起努力学习的画面，就能从中获得许多正能量——在 WISE 遇见你们一次也就足够了。

如果·重来一次·依然 WISE

见证了 WISE 十周年生日，我只想大声对 WISE 说："生日快乐！"如果一切重来一次，我也一定会义无反顾地选择 WISE，因为我深爱这里。现在，我选择定居厦门，并有了一份稳定的银行工作，我只想做一个安静的美男子（尽管我不知道美不美），静静地坐在 WISE 的咖啡屋里，听着音乐，等着你们回来。因为我相信，有一天，我们还会在这里相聚。回忆这里的过往，能让我感到快乐，因为如果没有 WISE，我无法想象自己现在的人生是什么样子。我爱在这里遇见并认识的每一个人，因为你们也和我一样深爱着 WISE，无论是过去、现在还是将来。

作者简介

倪超，2007-2011 年（本科）、2011-2014 年（硕士）就读于厦门大学生命科学学院，2013-2014 年就读于厦门大学王亚南经济研究院（WISE）与新加坡管理大学（SMU）硕士准备课程项目，2014-2015 年就读于新加坡管理大学，现就职于中国建设银行厦门分行。

第四部分 春华秋实（校友篇）

153

◎乔惠玲

愿逐月华流照君

厦门大学王亚南经济研究院建院十周年纪念文集

WISE 给了我一道光

　　四月的小雨伴着木棉花的清香，吹过芙蓉湖畔，厦大又在脑海中清晰起来。曾经她就在每天上学的路旁等着我，曾经她与我擦肩而过，而我现在只能在梦中搜寻关于她的回忆。不止一次想回到厦大身旁，而我还是凤凰花树下的那个少年，做着自己的梦。现在，我远离了南强，却还记得那些过去。

　　正如大多数同学一样，刚入大学的我也很迷茫，甚至感到不幸，因为我被调剂到了自己不喜欢的专业。不过，我又是幸运的，因为我遇见了 WISE。我一直怀揣着"睁眼看世界"的理想，所以在大学伊始便萌生了出国留学的念头。恰巧我有一天去听了洪永淼教授关于出国留学的讲座，本以为只是一些留学指导之类的泛泛之谈，然而讲座一开始便深深吸引了我。洪老师讲述了他从物理专业本科生一步步成为计量经济学家的亲身经历。原来洪老师当年也和我一样迷茫，他的一番话宛如黑夜里突然洒下的明亮月光，让我看清了前方的路。曾经的我，梦想踏入金融行业，然而高考的残酷让我停下了脚步，或许这只是一次短暂的休息，至少现在的我是这么认为的，因为我又走在了追寻梦想的路上。所以，统计成为我的选择——最明智的一次选择。

　　二八年华，人生最灿烂的时光，如果在自己不喜欢的事情上挣扎、徘徊，那是怎样的折磨？当我觉得灰暗时是 WISE 给了我一道光。一直以来我都非常喜欢统计，WISE 让我能在我的统计梦中继续翱翔。

　　这里的每一段时光都那么难忘，其实最幸福的事并不是我取得了什么样的结果，而是在那一段时光里我们共同努力追寻同一个梦想。毋庸置疑，WISE 拥有最优秀的老师，他们或幽默风趣，或严肃认真，而最重要的是他们给了我国际化的视野，为我的求学生涯注入了新的能量，也为我的留学之路奠定了最坚实的基础。WISE 带来了最前沿的科学、世界名家的讲座，而最根本的其实是蕴含在其中的智慧，这才是立身之本。

行百里者半九十，万事都是开头难。我担心我无法应付本专业和双学位的课业，直到上了人生中第一门统计课程——李木易老师的"概率论"。老师无比严谨，从她那工整的板书便可见一斑，直到现在她那一行行板书还深深印在我的脑海中。这对我这样的初学者来说是非常重要的，婴儿学步一定要脚踏实地。我们要学习的不仅是知识，更要学习为人之道，老师的严谨便是最好的表率。

正如 WISE 一直倡导的那样，它以培养世界性的人才为己任。全英文的教学在国内大环境下难能可贵。学生们之间流传着一句话：英语的巅峰在高三，然而 WISE 却打破了这个传统，高强度的训练让每一个学生都能灵活地运用学术英语，与人交流更不在话下。正是这些训练，让如今身在美国的我轻松地克服了语言难关。除了语言，WISE 的专业课难度也远超其他院校，而这也更像是国外的学习环境。虽然我也曾抱怨"所学非人"，而且几乎没有周末时间，现在想来一份付出便有一份回报。二十岁的我们就像春天的小树，一夜间可能变得枝繁叶茂，但却没人知道经受了多少的风吹雨打。WISE 高强度的训练便如这春风一般，催促着我们成长，我深深地感觉到我各方面的学习能力都有极大的提升，即便是如今在美国这样高压的环境下我也能保持自信与从容，这些都是 WISE 教给我的。

曾经以为大学的生活也是以考试为中心，三点一线。然而在大二的暑假我参加了 WISE 和经济学院联合举办的游学项目，让我彻底颠覆了这样的看法。在美国北卡罗来纳大学夏洛特分校为期四周的交流学习中，

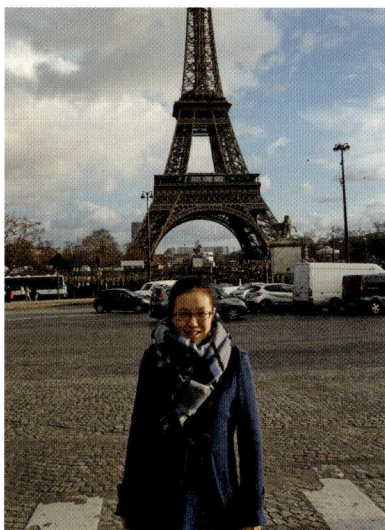

每天都有不一样的惊喜，或是热闹活泼的美国课堂，或是阳光朝气的校园文化，这些都是和国内不一样的体验。美国人对学校的热爱渗透到了骨子里，学校里到处都是穿着学校文化衫的人，他们为自己的学校自豪，也许某一天，我也能穿上 WISE 的文化衫漫步在厦大中，甚至把它传到国外，或者我现在所在的学校中，因为我们也同样为厦大和 WISE 自豪。

和 WISE 一起经历了这么多的风雨，WISE 见证了我的成长，我也深刻体会到了 WISE 的发展。在这三年里，WISE 不断地吸引着更多的厦大以及海内外学子前来求学，越来越多的优秀学者愿意投身其中，这对 WISE 无疑是一种飞跃。春风拂过，万物常新，只有新的尝试才能成长，才能给世界带来新的生机。

人生尔尔，不过十几个四年，宛如一串珍珠，或晶莹剔透，或星光熠熠。而 WISE 便是属于我的那一颗，珍珠虽小，却别有一番世界。

祝 WISE 在今后的日子里茁壮成长！

作者简介

乔惠玲，厦门大学王亚南经济研究院（WISE）2011 级统计学专业双学位毕业生，现就读于美国密歇根大学安娜堡分校。

◎谭用

WISE 十年，我们从未离开

又是一年凤凰花开，从来不曾忘记 2008 年分别的那一季火红，灼痛了离别的双眼，却也把一些印记刻成了隽永的回忆。是的，WISE 的印记是时间抹不去的，特别是作为 WISE 的第一届毕业生。WISE 的第一个十年就这样来了，而我们仿佛还停留在昨日的记忆，也就是在开学典礼上，我们被誉为"黄埔军校一期"学员。

很荣幸，作为 WISE 的第一届毕业生，我参与了 WISE 第一个十年中的前三年。我相信，我一定不会是唯一一个即使在毕业之后，也会时刻关注学院发展的院友。于是，作为 WISE 的第一届毕业生，我可以很自豪地说，WISE 的第一个十年，我们一直都不曾远离。

2005 年王亚南经济研究院成立，本来第一届招生是要到 2006 年才进行的，但后来在学校相关部门的支持下，WISE 从经济学院"抢来"了第一批学生。很多年之后，我们才发现，这一"抢"，就改变了 31 位同学后来的命运。

办学第一年，很多事情 WISE 都是摸着石头过河的，并且经历了好多的"从无到有"。一直把经济学看作文科的我们惶惑于 WISE 的研究生竟然需要学这么多的数理知识。计量经济学课上的忐忑，数理经济学课上的无助，宏观与微观带来的迷惑，各种不适都在困扰着我们。于是，在其他学院的学生休息、娱乐、逛街、闲聊的时候，我们却在思考、讨论、复习、预习。紧接着 WISE 就有了一个后来大家耳熟能详的传说：如果每天睡觉超过 5 个小时，就说明你在偷懒。

当然，我们也想过退缩。有的同学在第一学期还未结束时就想离开，觉得那些 training 太过苛刻。但是，万幸的是，我们是一个 family，那些磨砺使得我们更加紧密地团结在一起。我们相信，不管多苦的经历，过去之后，一样都是云淡风轻。如果我们无法把年轻的岁月写进一段风花雪月，那么我们就把这段岁月共同放在一个交织着汗与泪、有你有我、永不言弃的 WISE 梦中吧！

什么是财富？对我来讲，财富就是那些艰难道路上的小石子，当你走过，便把小石子装入行囊，在下一次行到艰难处时，再从行囊中掏出小石子，便可把前路铺得更为平坦。于是，一年之后，当 WISE 的 7 人小组来到新加坡管理大学开始一段全新的学习时，我们可以更自如地在异国克服种种困难；于是，当 WISE 的第一届学员毕业走向工作岗位或继续去美国、澳大利亚、德国等国家继续 PH.D 的学习时，我们可以更坦然地面对各种各样的挑战。而这些，是 WISE 给予我们的宝贵财富。我想，如果没有 WISE 的锻炼，我们当中的很多人的今天会是另外一番样子。尤其值得一提是，我们的另外一笔财富——同学情谊，也在共"患难"中显得弥足珍贵。

我想，这个十年只是一个开始，还有更多年轻的梦想会在这里发芽，成长。而我们，特别是 WISE 的各位老师，也会随着亚南院一起成长，一起走入第二个、第三个直至第 N 个十年。WISE 的学员会继续书写自己的传奇，在职场里，在学术上，在生活的各个领域中。或许我们仍不完美，或许前途崎岖难行，但这又有什么关系？生活的本质不就是触碰或然的不确定，挑战世人以为的不可能吗？WISE 的精神也许不能一直支撑着我们走完这一生，然而一定会在一个落叶有声的夜晚抑或云淡风轻的下午，让我们感动于生命中的这一段经历或者磨砺。

于是，我们回望，我们留恋，我们前行。

作者简介

谭用，厦门大学王亚南经济研究院（WISE）第一届硕士，2005-2008 年就读于厦门大学王亚南经济研究院金融学专业，2006-2007 年于新加坡管理大学交流学习，2008-2013 年于美国 Vanderbilt University 攻读博士学位，现为南京大学经济学院助理教授。

◎田梦丹

与你重逢在凤凰花开的季节

前段时间电邮里收到 WISE 十周年征文的来信，心里一阵激动。离开 WISE 的这一年时间里，往事依然历历在目。现在又快到一年中凤凰花开的季节了，带着对 WISE 的想念，我订好了回厦门的机票，约了 WISE 的恩师，期待着与 WISE 的重逢。可以说，在 WISE 学习数理金融双学位对我现在的学习、工作以及生活都有不可估量的影响，因此在本文开头，我想特别感谢 WISE 全体老师的辛勤教学、学院的人性化管理和开展的各种活动，感谢能有机会在 WISE 度过我人生中美好的时光。

来新加坡已经一年了，我读的是金融工程硕士，有很多数学、时间序列之类的课程。与其他同学相比，我并不感觉吃力，主要原因是大三、大四两年在 WISE 打下了良好的基础。同时，我也掌握了一些软件，这使我能比较轻松地对付入学后的学业。

前段时间，我因为工作的事心情焦虑，朋友给我支招，劝我多读书，让自己静下来，不要过得那么慌忙。那时，我突然回想起在 WISE 参加经验交流会的情景，有位台湾的交易员黄金声先生给我们做了一场关于交易员生活的讲座。在工作之余，他喜爱阅读很多名人的传记、散文等等。他给我留下最深刻印象的一句话，是总结交易员的成长历程——不要过于贪婪，也不要过于害怕。如今想起这句话，我觉得这是比很多知识都更为宝贵的一条人生法则。不论是在找工作、追求梦想的路途中，还是在每段人际关系的相处中，我都越来越觉得不贪婪、不害怕是非常重要的。另一位是龚天益先生，他给我们做的讲座也让我念念不忘。龚先生的故事真真切切地告诉我，做一个善良的人是多么重要。他工作上的波折和后续兼职求学的经历，让我明白了人生是个持续追求并不断学习、完善和改进自己的过程。回想起在 WISE 的讲座中听到的很多故事和警句，现在仍在学习、生活以及为人处世上给我启迪和力量。感谢 WISE 提供给我们这么多的学习机会，这些回忆起来都是满满的财富。

毕业以来，我还一直和 WISE 的一两位老师保持着联系。我至今仍然记得和袁宇菲老师在 office hour 上进行的宏观经济讨论，记得刘鼎铭老师对我毕业论文的悉心指导。这些与 WISE 老师们共度的美好时光，至今回忆起来依然温馨如昨。这里我想特别感谢李迎星老师，李老师虽然不是我在

田梦丹（右）和李迎星老师合影

WISE 学习时的任课老师，但是我却印象深刻。初次见面向她请教问题，她就利用 office hour 帮我答疑解惑，并且还邮件跟进，帮我解决了一些新问题。谢谢李老师！我相信 WISE 所有的老师都像李老师一样，对学术严谨、认真、有热情，对学生关心、体贴、有爱心。感谢美好的校园生活，我会更加珍惜这些温暖人心的师生情。

写到这里，我迫不及待地想回到厦门，看看 WISE 的老师们，再去听听 WISE 的讲座。我衷心地希望 WISE 的学子们能在这里收获更多学识和生活感悟，祝愿 WISE 的全体老师们在学术上有更大的收获、生活幸福美满，我相信 WISE 一定会越办越好！祝 WISE 十周年生日快乐！作为您的女儿，我很骄傲、很自豪！难忘在 WISE 的生活，难忘这段最美的记忆，凤凰花又开，我将如约与 WISE 重逢。

WISE，我爱您，永不说再见！

✎ **作者简介**

田梦丹，厦门大学 2010 级数学科学学院数学与应用数学系学生，厦门大学王亚南经济研究院（WISE）2012 级金融双学位学生，2014 年起就读于新加坡国立大学金融工程专业硕士。

第四部分 春华秋实（校友篇）

◎吴锴

追忆南国岁月

2015 年初的一天，我正在遥远的纽约伊萨卡，置身于繁忙的学习和研究之中。微信群里大家彼此相告 WISE 即将迎来十周岁的生日，并向各界征集纪念文章。刹那间我的思绪涌回了以前的那个海滨之城、花园之城，那里的碧水蓝天、花团锦簇，还有我曾居住过的凌云公寓，吃过的美味沙茶面……是呵，好久没有再品尝到闽南的味道了。

回顾我走过的路，从故乡温州北上哈尔滨，再南下厦门，并在此度过了三年时光。这段时光可以说是我人生的一个重大转折点。2009 年夏天，我来到厦门参加 WISE "首届全国优秀大学生经济学、金融学暑期夏令营"，自此便与它结下不解之缘。后来，我放弃了多所学校的录取机会，转而投身于这所倡导先进教育理念、进行严格学术训练的研究院。多年之后我才发现，在康奈尔大学学习和研究所用到的知识和技能，大半源自 WISE 的课程。

我非常感激 WISE 的三位授业导师，他们的学识和风范深深影响了我。记得在选导师的时候，我无意中发现韩乾老师竟是我的校友。他本科就读于遥远北国的哈工大，一所以"三海一核"专业著称的高校。于是，我顺理成章地选择了韩老师作为我的导师。从此，我正式走上了金融研究之路。"韩门"下的一群学生，在一年级下学期每周都会召开小组学习会，讨论文献中的重要成果，学习其中的研究思路和方法。记得 2011 年 3 月的一次讨论会，从下午 2 点开始，一直到晚上 7 点才把论文讲完。我们大家觉得时间太晚了，请韩老师先回去休息，但老师坚持要等我们的讨论结束后再走。等我们从教室里出来的时候，经济楼里已经灯火灿烂，我们仍意犹未尽地边走边聊。这段激情澎湃的岁月，至今仍在我的脑海里久久回荡。

2012 年的夏天，我有幸成为"上海证券交易所高级金融专家项目"的助理，被安排在上交所的研究发展部，协助洪永淼和韩乾老师进行项目的研究工作。我由此与韩老师有了更多生活上的接触和交流。我们在上交所一起构思创作，一步一步地完成申请计划书的预定项目。在紧张的工作之余，我也常听韩老师聊他在美国的经历。这些观感，都在潜移默化中激励着我。夏去冬来，在上海的半年里我白天在部门工作，晚上回到住处开始准备托福考试、撰写申请材料，一切都是靠自己完成的。当我请求韩老师为我写推荐信的时候，他毫不犹豫地答应了。过了一个星期，我收到了一封两页 A4 纸长的推荐信。那一刻，我深深感到了信任的分量。这封至关重要的推荐信为我打开了梦想之门，让我有机会来到美国康奈尔大学攻读应用经济学博士学位。2013 年夏，我们重回上海证券交易所结题。在即将分别的夜晚，韩老师请了蓝晔、吴博强、欧阳依凡为我饯行。浦东璀璨的星空，成为我赴美前最开心的记忆。

我的另一位导师陈海强教授也给予了我很多指导和帮助。2011 年夏，陈老师刚回大陆任教，我们在韩老师的办公室里初次见面。那时我暑假留在学校里没回家，有很多空余时间，因此陈老师请我当他的研究助理，我高兴地答应了。我的第一篇英文论文正是在陈老师的指导下完成的。原本我只是想发表在中文期刊上，但陈老师看到我写的初稿之后十分满意，认为应该发表到更高层次的期刊上去。于是，我将全文改写成英文，顺利地刊发在 *Journal of Futures Markets* 上，并引起了中国金融期货交易所的关注。初尝甜头，我又小心翼翼地拿出本科四年级时为申请夏令营而撰写的一篇公司金融论文请陈老师审阅。陈老师在看了我的文章之后，提出了三点详细意见，均切中要害。在遵照陈老师的意见修改并完善之后，我的这篇习作后来发表在《金融研究》上。在一年的助研工作中，我为陈老师敏锐的判断力和丰富的计量经济学知识所折服。他可以告诉我应采用何种计量方法去实现目标，并判断文章是否达到发表的质量要求。这些素养离不开长期的实践积累，可以说是一本无字之书。能亲耳聆听这些宝贵教诲，使我受益终身。

在 WISE 学习期间，我也感受到了洪永淼教授深厚的学术功底和对学生的关心爱护。洪老师所开的讲座总是场场爆满，他谈经济学的思维，谈中美教育的差异，谈为人、为学的品质。在繁重的课业压力面前，我们没有退缩，而是用全部的热情和精力去克服困难。WISE 每半个月一次的 Teatime 是一个非常好的交流平台，在这里能够见到世界各地的学者，并与之面对面交流。这些优良的传统都保持了下来，并不断发展完善。记得 2013 年 6 月中旬，在即将离开厦门大学的前夕，我在洪老师的办公室里拜访了他，只见宽大的书桌上堆满了书籍资料。当我起身准备告别的时候，洪老师赠送给我一本他刚在高等教育出版社出版的《高级计量经济学》，上面还有他的亲笔签名留念。这份珍贵的礼物一直收藏在我的书柜中。

光阴荏苒，来到北美已经快一年半了。伊萨卡一年中的一半是冬天，一半是夏天，真的和哈尔滨十分相似。离开故土在异国他乡求学，这种恋旧怀乡之情唯有自己才体会最深。附录一首拙作，权当作我给 WISE 的一份生日献礼吧！

沁园春·绮色佳

绮色佳处，斜阳疏雨，柳月眉梢。望五湖环萃，风轻云阔；十瀑连脉，雨霁虹霄。雁声稀落，稻香漫野，沃土金霜麦浪高。待秋月，正蟹肥虾美，造物丰饶。

山河异域多娇，忽回首天涯寄旅飘。忆塞北雪原，龙江搏浪；闽南鹭岛，鼓屿听涛。瓯麓寻踪，籀园逐影，乘兴诗友醉九朝。东方晓，看神州尧舜，激荡春潮。

作者简介

　　吴锴，2010 年本科毕业于哈尔滨工程大学电子商务专业，2010-2013 年厦门大学王亚南经济研究院（WISE）硕博连读生，2013 年赴美国康奈尔大学 Charles H. Dyson 应用经济与管理学院攻读应用经济学博士学位。

第四部分　春华秋实（校友篇）

那里总是红和蓝

与 WISE 的缘分始于 2010 年。

身为一名本三院校的大三学生，我是从 WISE 的网站上第一次了解到这所"特别"的研究院的。当时懵懂的自己对于学术一无所知，仅仅是凭着对 WISE 英文教学和对数学基础的严格要求，就莫名地将她作为自己未来的挑战目标。我从大三开始准备，重新学习一直属于自己弱项的数学，开始了梦的征程。尽管也曾努力付出，但是第一年的考研成绩还是远远低于 WISE 的分数线，尤其是满分 150 分的数学，我仅仅考了 60 分。或许注定与 WISE 相遇，又经历了一整年的日夜奋战后，我终于获得了参加复试的机会。

复试那天，站在经济楼前，我清楚地记得自己发了一条微博，"You never know how much I miss you!"

两年的考研终于让我迎来了进入 WISE 的机会。面试中，有位老师问我，你数学成绩多少？虽然我这次的成绩是上一次的两倍多，但是当我报出那个数字的时候，得到的仍是"怎么这么低啊"的评价。本就心中忐忑的我当时顿觉一阵晕眩，看来录取要成泡影了。然而，一个月后的某个午后，我突然收到录取通知，并且获得了一等奖学金，我这才知道自己终于圆了进入 WISE 学习的梦。

在 WISE 的时光太匆匆，只因为无时无刻不在的压力。或许厦大没有任何一个学院的研究生会像 WISE 的学生一样，为了在"五高"课上抢前排的座位，早上 7 点就在教室门口排起长队，更很少有其他专业的学生能够在两年的时间里，几乎天天"盘踞"在各个自习室里。每每跟新认识的外院同学提起自己是 WISE 的学生，紧接着的都是他们的一声惊叹："原来你是 WISE 的啊！"，虽然自己是个"学渣"，但是这种压力无时无刻不贯穿在整个研究生阶段的学习生涯中。记得毕业典礼时，时任厦门大学党委书记的杨振斌为我扶正流苏，并随口问了一下我的专业，当得知我是 WISE 的毕业生时，他亲切地握了握我的手说："恭喜恭喜，不容易啊。"

杨阳与导师方颖教授合影

不过，千万不要以为 WISE 的学生都是书呆子。虽然 WISE 的学子课业负担很重，但是我们的课余活动也一直丰富多彩，什么"思享家"讨论组、集体跑步、羽毛球训练等等，不一而足。作为一个从人员规模上来说名副其实的"迷你学院"，WISE 曾连续两年在厦大羽毛球混合团体赛中击败体量数倍甚至数十倍于自己的学院，跻身全校八强。在厦门大学第 22 届和 23 届研究生委员会中，也都有 WISE 学生的身影。或许正是在"严酷"的压力考验下，我们度过了激情燃烧的岁月，也让自己的研究生生涯充满亮丽色彩。

WISE 是年轻的，从机构到人员，所以 WISE 是充满活力的。活跃的学术氛围为所有 WISE 学子提供了近距离接触前沿学术领域的机会。WISE 举办的研讨会和大型学术会议，无论是从数量上还是从质量上看，都是一流的。即使如毕业离厦的我，也经常为无法参加某个感兴趣的研讨会而专程向师弟师妹索要学术简报。如今在着手一些新领域的研究项目时，我会突然想起之前在 WISE 听过某位作者宣讲时曾提及该领域的某篇重要文献，这使我茅塞顿开，可以按图索骥，找到一条可以指引我的前进思路。

回忆在 WISE 学习和生活的 3 年时光，对我个人而言最大的收获便是决定走学术道路。从入学时坚定地找工作并为之做种种准备，到发现自己的研究兴趣和平淡生活的乐趣，这 3 年成了我人生的转折点。

我之所以出现这样的转变，首先要感谢我的导师方颖教授。他就是我研究生复试时问我数学成绩的老师。真的要感谢方老师不嫌弃我数学分数"这么低",还收了我做学生,并且一步步引导我的研究兴趣,甚至为了给我的毕业论文做相关的指导而涉足新的研究领域。他的生活态度和学术态度让我选择了自己将要走的道路。在 WISE 的 3 年中,方老师给我的鼓励多于批评,师门的师兄师姐也对我这个后辈有很多帮助。或许一个做学术的人,应该先明白,做一个有趣的人可能比做一个成功的人更有意义。

转眼毕业快一年了,匆匆看到院庆通知和自己在 WISE 的照片,还有躺在邮箱里的文婷老师的邮件。

> 你看
> 你看那些褪色片段飘在回忆的窗
> 或许做着不同的工作
> 陪伴着不同的人
> 奋斗在不同的地方
> 不过,还好
> 我们有过一段共同的时光
> 在那总是红和蓝的地方

作者简介

杨阳,厦门大学王亚南经济研究院(WISE)2011 级硕士生,现就读于香港科技大学社会科学部 M.Phil.

◎叶梦晓

从懵懂到成熟：记在 WISE 度过的美好时光

WISE·初见

　　我和 WISE 的相遇缘于决定就读 WISE 硕士留学预备课程项目。大四毕业这一年，我转专业考取了这个项目，这对于一个本科读工科的女生来说，实在是"压力山大"。我担心的不仅仅是课程是否能跟上，老师是否负责，还有 WISE 的氛围和学习环境以及自己能否适应。

　　上学第一天，我怀着忐忑的心情进来，很快就被这个鸟语花香、宁静幽雅的地方惊艳到了。这里不仅仅漫溢着卷卷书香气，更有丰富、精彩的报告和讲座，不同肤色的同学，热情亲切的老师，一下子让我把工科学习中严谨、沉闷的条条框框抛到了九霄云外。人们常说初见很重要，而 WISE 给我留下的第一印象让我迅速地爱上了她。当然，兴奋、欣喜占据了大部分感官感受。正如品茶越品越甘醇，在过去一年的时光里，WISE 带给我的惊喜是我没有料想到的。

WISE·新奇

　　当我第一次走进课堂，就发现自己被 WISE 的国际化气息严严实实地包围了，因为教室里坐着的是来自世界各国的同学。从来没有结识过外国朋友的我想简单地打个招呼，都提前在心里默默地重复了几十遍"Hi"，而且激动得心跳加速——这么好的氛围，如果浪费实在太可惜

了！向往新鲜经历又"厚脸皮"的我鼓起勇气坐到了他们旁边，带给他们一个大大方方的微笑并跟大家打招呼。出乎意料的是，大家的热情让我们之间的距离迅速缩小为零。我们很快就打成一片了，不仅合作写论文，还一起出去聚餐、遛马路。现在回想起来，这些经历对我出国之后更快地融入国外的学习和生活，实在是非常有帮助的。

WISE·领悟

每一次在安静的图书馆看到各路学霸的桌子上堆着高高的书籍，每一次在 WISE 的各个咖啡馆看见同学们认真地讨论案例，这些都在潜移默化地影响着我，让我在新鲜感中慢慢冷静下来，进而迸发出学习的热情。WISE 全英文的课堂和非常贴心的助教课程让我深深地感受到了 WISE 教学的严谨、高水准，甚至偶尔刹那间感觉自己已经出国了。

读自己喜欢的专业后，我变得更认真、更努力，并开始思考未来的路该怎么规划，生活态度也更加积极向上。班主任及各任课老师不仅仅在知识海洋里带我遨游，而且还允许我在课余时间"骚扰"他们，他们当我的人生导师，为我解答疑惑，还不断地鼓励我，我想自己的心态转变与他们的帮助是分不开的。

WISE·成长

转专业带来的迷茫和苦恼不是一下子就能解决的，甚至很长时间内，我都找不到自己未来的方向。WISE 提供了很多的 Tea Time 活动，邀请海归教授和同学们坐下来，好好聊聊学习和生活。这些活动对于我就像是雪中送炭，通过一次又一次的谈心，我也慢慢地没有那么彷徨和焦虑了。印象非常深刻的是龚天益老师带来的一次主题为"未知的人生更精彩"的 Tea Time 活动。龚老师讲述了他在美国、中国台湾、新加坡的工作和生活经历，他告诉我们，人生中很多意外的事情其实是没有办法掌握的，我们能把握的就是对生活的热情和自己内心的方向。对于那些不确定是不是好的东西，也不用担心，未知的人生难道不是更精彩吗？

这些轻松的交流对话，对我产生了深远的影响，我开始慢慢学着思考，并学会对自己负责。有一句名言说得好：Time will bring a surprise, if you believe。慢慢成长，逐渐成熟，是这一年 WISE 带给我的最大变化。

WISE·坚强

要出国并不是一件容易的事情，比如都得通过国际化英文考试：雅思或者托福。我一边承受着课业压力，一边准备考试，这让我感觉自己一夜之间回到了高三的状态；而且这样的艰辛不是一时半会儿就可以结束的，整个大学期间都没有体验过如此充实、有压力却又乐在其中的感觉了！我想是因为心里有一个梦，而 WISE 正是一个适合圆梦的地方。通过大半年的努力，我终于达到了雅思的分数要求并拿到了爱尔兰都柏林大学的 full offer。这么长一段时间来，每次觉得自己熬不过去的时候，班主任都会及时安慰，而且一起拼搏的同学们也会互相鼓励，阴霾就这么在头顶渐次散开了。不管未来还要面对什么，坚强和永不言弃是我收获的最珍贵的财富，也让我成为内心更强大的人。

WISE·再见

离开 WISE 也快一年了，有时候我还会梦见自己在图书馆自习，旁边的经院新楼还在装修；或者梦见自己在 N 楼楼顶的新咖啡馆里眺望五老峰下的南普陀。WISE 于我，是梦起飞的地方，也是真正成熟的开始。每一个像我一样普通而怀着梦想的年轻学子都带着懵懂、兴奋的面庞走进这里，又踌躇满志、依依不舍地离开。这里的每一个角落、每一朵花儿和小草都曾经见证过我的努力，倾听过我的故事，而这也就足够了。

对 WISE 我不会告别，因为等到未来某天凤凰花又重新落红满地，我会重新与她再见，带着自信和阳光的笑容。

作者简介

　　叶梦晓，2009-2013 年就读于厦门大学材料学院材料科学与工程专业，2013-2014 年就读于厦门大学王亚南经济研究院（WISE）硕士留学预备课程项目，2014-2015 年就读于爱尔兰都柏林大学项目管理硕士项目。

◎ 易金超

不忘初心

时间过得好快，转眼间 WISE 已成立十年了。十年，对一个学术机构的生命周期来说也许是比较短暂的，但从她取得的成绩来看却是大放异彩的。2005 年 WISE 成立时，我还在厦大漳州校区上大二。当时一次偶然的机会从学校网站上了解到 WISE，于是就一直关注至今。应该说，我是她的忠实"粉丝"。她的成长，其实也是我自己成长的一部分，现撷取几件小事以记之。

图书馆占座的日子

WISE 研一研二的课程多，作业多，Quiz 多，在图书馆和教室里面占座是"必修课"。由于硕士生跟博士生人数都比较少，所以 WISE 的硕士生跟博士生是一起上课的。研一要修的必修课有"高级微观经济学Ⅰ、Ⅱ"，"高级宏观经济学Ⅰ、Ⅱ"，"高级计量经济学Ⅰ、Ⅱ"，"数理经济学"等，研二是根据方向选修课程。我记得我基本上把计量相关的课程，包括"微观计量"、"宏观计量"、"金融计量"、"时间序列"、"面板数据"、"空间计量"、"计量软件"等，都选修了一遍。尽管基本上属于囫囵吞枣，很多东西当时也没有搞懂，但是现在回想起来也挺有意思的。每天早上去图书馆占座是一件非常有趣的事情，我记得那个时候图书馆是 8 点开门，很多同学早早地就去排队，等待着图书馆闸门打开的瞬间。闸门一开，大家都是跑步前进，去占领属于自己的"领地"。久而久之，大家都有自己的座位偏好，也知道别人的座位偏好，相互之间还经常"串门"。图书馆晚上 10 点钟关门，大家又转战到南强二的教室里面继续学习。那时候学的很多东西偏向理论，比较枯燥，也不知道今后会有什么用途，更多的是带着考试的目的去学习。现在回过头来看，那些高强度的学习让我受益匪浅。当然不是说我工作中能用到多少理论与方法（确实也用到了很多，比如事件研究、资产定价模型等），但我至少可以看懂市场上的研究报告，少被"忽悠"。

CES 会议期间的一件囧事

2010 年 6 月，CES（中国留美经济学会）年会在厦门大学科学艺术中心举行。大会期间发生了一件囧事，至今让我印象深刻。由于当时科学艺术中心刚落成不久，是第一次试用，会议期间多次强调不能随意张贴海报，但是 Elsevier 出版社的一个编辑还是在会议室的大理石柱上张贴了一张海报。我们发现后，赶紧让其把海报揭下来，但大理石上还是留下了"劣迹斑斑"的胶印，非常难看。想想科学艺术中心第一次试用就被弄成这样，我们心里多多少少有点"恐慌"和难受。当时我、魏立佳还有黄锦塽几个人找来了抹布、尺子等各种工具，希望能把大理石上的胶印去掉，然而出乎意料的是，我们越抹越难看。尽管抹除没有成功，我们还是想用其他办法，比如用透明胶一点点把上面的东西粘下来，正当我们用胶带粘着的时候，后面忽然传来一个声音："你们在做什么？"我们回头一看，原来朱崇实校长和赖虹凯副校长已站在我们身后。我当时还穿着拖鞋站在凳子上，当时那个囧样，现在想想都觉得非常尴尬。我们给校长说明了缘由之后，他告诉我们不能这样处理，应该找专业人士来处理，然后就走了。我们原以为校长会狠狠地批评我们一顿，但是他没有，这让我们挺感激的。尽管这件事情不是我们的错，但厦大领导对学生宽厚的态度让我久久不忘。

怀念 Wim Meeusen 教授

2013 年翻墙上 Facebook，看到我们 EITEI 项目小组贴了一条消息："I feel very sad that prof. Wim Meeusen passed away. May his soul rest in peace." 我当时看到这个消息非常难过，感觉太突然了。我记得 2012 年 12 月 26 日还收到他从电邮上回复的圣诞祝福，现在想想，那也是跟 Wim 教授的最后一次通信了。后来通过安特卫普大学经济系的网页，看到了系主任写的讣告，得知教授是 2013 年 2 月 25 日离开人世的，享年 67 岁。据我了解，Wim 教授最早跟 WISE 接触是源于一次会议。WISE 自 2006 年开始，基本上每年 12 月份左右都会举办一次劳动经济学国际研讨会，Wim 教授是 2007 年首次来厦门参加国际劳动经济学会议的，由此跟 WISE 结缘。Wim 教授在开完劳动经济学会议之后，给 WISE 学生介绍了他负责的伊拉莫斯项目——国际贸易与欧洲一体化（简称 EITEI）。该项目与 WISE 签订了协议，每年向 WISE 的学生提供 2 个奖学金名额。WISE 通过 Wim 教授牵线，定期举办厦门—里尔—安特卫普微观经济会议，而且还成为 EITEI 项目（现在改名为 EIGI）的承办学校之一，每年 9 月份这个项目的学生都会来厦大学习一学期。这些成果的取得，都离不开 Wim 教授的帮助。

　　Wim 教授温文尔雅，言语虽然不多，但总是对人很和蔼。我做过他的助教和学生，很多事情历历在目，对他深表感激。我记得当时我学位证书上的出生日期搞错了，我给教秘发邮件同时抄送给教授沟通这个问题。Wim 教授得知后不仅给我发邮件解释，还亲自加我 skype 跟我视频沟通这个问题，这些细节让我非常感动。2012 年 4 月当我得知 Wim 教授在湖南怀化中方红十字国际医院进行治疗的时候，我赶紧给他发邮件询问是否需要帮助。教授马上给我回复说一切都好，他妻子陪伴在他身边，让我不用担忧。现在我还后悔当时没有去湖南见教授一面，想不到

第四部分　春华秋实（校友篇）

他的病情之后恶化得这么快，当听到他去世的那一刻，我心里久久不能平静。

由于篇幅的关系，我就用上述三个小故事或小片段来回忆与感恩在 WISE 的学习时光。我想，正是有学校的支持和包容，有许许多多像 Wim 教授这样兢兢业业的老师，有许许多多刻苦好学的莘莘学子，才成就了今天的 WISE。这段美好的历程，不仅给了我知识，更给了我信心，让我感激不尽。

作者简介

易金超，厦门大学王亚南经济研究院（WISE）2008 级硕士生，现任财富证券金融工程部投资经理。

◎张溪

三年又三年

时光是一个沉重的话题，在 WISE 的日子仿佛还在昨天，却已悄悄溜走了 6 年。6 年前，我懵懵懂懂地选择了 WISE；3 年前，我放弃亚洲排名第一的新加坡国立大学（NUS）的 offer，选择了在 WISE 就读留学准备课程项目之后前往新加坡管理大学（SMU）攻读硕士。很多事情都要经历时光再回首，才感慨万千。

一、三年问

2009 年，漳州校区夏蝉初鸣，凤凰木初苞待放。小学期并没有很多课程，我每天都躲在宿舍里上网、聊天。自认没有软件编程天赋与耐心的我，对未来的发展开始感到迷茫和不安。正在那节骨眼上，教秘那里的一则"王亚南经济研究院双学位招生"通知吸引了我的目光。双学位会被承认吗？自己能适应纯英文教学吗？数理经济，就业前景如何？但是离毕业还有两年的日子，总不能让自己的简历除了寥寥可数的学生活动外就一片空白吧。于是，我抱着试试看的念头，提交了报名申请。谁曾想到，就是这么不经意的一个抉择，却完全改变了我的人生航线。

同年 9 月，我回到了校本部，正式开始了 WISE 的双学位课程。纯英文教学、研究生同步课程、晚间和周末全天课程、学长学姐助教答疑课、作业、期中和期末考试，一个都不能落。那些不能适应全英文教学、没有一点经济学基础却要咬牙面对的日子，那些本专业的软件工程大作业与双学位期末考相撞的日子，够虐心，也够值得。还记得 2010 和 2011

这两年的元旦，当大家都在外面倒数新一年来临的时候，我却一个人呆在宿舍里争分夺秒地备战期末考；还记得大四的最后一个学期，本专业课业、WISE 双学位课业、出国留学申请、雅思考试、找工作同步进行，也许正是因为压力才使两张学位证书和留学 offer 显得无比美好。很多时候，往往挺过那些最艰难、最难熬的日子，回首才能感觉到生命的甜美和自如。

2011 年，我从厦大本科毕业，NUS 的 offer 与 WISE-SMU 项目的 offer 双双到来。一个是亚洲排名第一的大学，还有新加坡教育部的奖学金，且只要一年就可毕业；一个是新兴学校，年纪只比 WISE 大 6 岁，然而在新加坡本土的名气已蒸蒸日上。相比之下，WISE-SMU 的 Master of Science in Applied Finance 的美式教学方式、CFA 课程同步设置实在是太吸引人了，而且可以在厦大读一年的预备课程，加上我又有双学位基础，相信可以得到更好的发展。经过一番权衡，我放弃了 NUS，决定选择后者。这一年也的确让我过得很充实，IELTS、GMAT 以及所有金融相关基础课程都逐一攻克，还因此认识了很多让人敬佩的老师：郭晔、任宇、克里斯白和可爱的班主任 Lee 等等。

二、三年别

2012 年 6 月 23 日午夜，飞机缓缓降落在新加坡 Changi 国际机场，我由此开启了另一段同样紧张又难忘的生活。4 个短学期、21 门课、18 个 report + presentation，我们不是在 discussion，就是在 discussion 的路上。10 个月后，我和 WISE-SMU 项目班的 40 个小伙伴们一起戴上了硕士帽。几个月后，我留在新加坡，顺利地找到了一份心仪的工作，又加入了 SMU 中国校友会，认识了一届又一届 WISE 项目班的学弟学妹们。

一转眼离开 WISE 已三载有余，回首过去，心中隐约感到有一团待解之谜。不知到底是我选择了 WISE，还是 WISE 选择了我。不管是前者还是后者，总之，冥冥之中，WISE 改变了我的人生轨迹。而今 WISE 已过垂髫之年，衷心祝愿 WISE 蓬勃发展，明年春色倍还人。

作者简介

张溪，2007-2011 年就读于厦门大学软件学院，2009-2011 年就读于厦门大学王亚南经济研究院（WISE）数理经济双学位，2011-2012 年就读于 WISE 硕士留学准备课程项目，2012-2013 年就读于新加坡管理大学应用金融硕士项目。目前就职于新加坡 Frost & Sullivan 咨询公司，同时任新加坡管理大学中国校友会秘书长。

◎钟卓

WISE——我学术生涯的起点

年初就在微信群里得知 WISE 十周年的征文消息，一直都想写点啥，却不知道从何下笔，或许万事总是开头难吧。直至昨日在 WISE 做报告时，那熟悉的场景恍惚间让我穿越到十年前刚入学的情景，方才明白原来这里是一切的起源。

被拒绝的申请

十年前，还是大四学生的我在克立楼报告厅里聆听了洪永淼老师对于 WISE 的宏伟规划。当时只因为他说的一句"与北美对接"，我便毫不犹豫地要求将研究生档案从金融系转至 WISE。这个决定令我在 WISE 的第一周痛不欲生，悔恨交加，但这也是我唯一一次感到后悔。第一周上课：数理课上的矩阵求逆，忘了；高微课上的凸集定义，不懂；计量课上第一次听说测度论；高宏课的摸底考试……那都是泪！心灵的冲击在对比友系快活的生活后被无限放大。第二周，无法承受巨大学业压力的我递交了转院申请。第三周，学院拒绝了我的申请。洪老师让人捎话给我，鼓励我坚持下去！多年后，每当回想起这件事，心中涌起的是一股感激之情。若是当年学院放弃了我，或许今后在面对任何困难与挫折时，我都会只想着逃避，很可能之后我的人生道路也会因此而彻底改变。

我心想，坚持就坚持吧。之后的日子里我抱着三高一数和同学们穿梭于各大公共教学楼和图书馆间。那时的我们，永远是第一个到图书馆的，也总是最后一个离开教室的。我也在数学系同学的帮助下渐渐明白了何谓代数、何谓泛函。WISE 的第一年是辛苦的，也是充实的，它让我们感受到了当时国内高校同北美高校在经济学基础训练上的差距，也让我们无比向往北美那些名校。

选择学术道路

第一学年的训练使我萌生了出国留学的念头，第二学年赴新加坡的访学则更坚定了我从事学术研究的决心。在 WISE 的第二年，我同另外六位同学一起被选派到新加坡管理大学进行为期一年的学习研究。WISE 良好的基础让我们很快就适应了新加坡的美式教育体系，然而新的困难很快便接踵而至——硕士开题。新加坡的导师要求我们独立完成一篇新颖且有一定贡献的论文方能毕业。于是，我们便在茫茫 paper 中无助地寻找着 idea。我始终记得当导师无情"枪毙"掉我的数个 idea，最终认可我的论文方向时，我心中的欣喜劲儿。虽然这一过程在我后来的学术生活中周而复始，循环反复，可心中再也没有当年的感觉。大概这就是初见的味道。

若说基础训练是在泳池中游泳，那么学术研究则是在大海里遨游。泳池里有分道、有目标，令人觉得安全。大海里没有这些，却有无尽的自由！或许正是这种对自由的向往坚定了我从事科研的决心。从新加坡回来后，我就开始着手准备申请北美 PHD 的材料。WISE 坚实的基础和国际化的背景令多所名校向我敞开大门。几经比较后，我最终选择了美国康奈尔大学。赴美后，求学生涯虽也挫折不断，然而 WISE 的 3 年经历总是令我鼓起勇气，从不气馁！而今，当看着满满一堂的 WISE 学生，我似乎又看到了那时的我。

作者简介

钟卓，厦门大学王亚南经济研究院（WISE）2005 级硕士生，2008年毕业后前往美国康奈尔大学经济系攻读博士学位。现为澳大利亚墨尔本大学金融系助理教授，研究方向为金融市场微观结构，已有数篇论文受邀参加多个重要国际会议，包括 the 8th annual central bank workshop on microstructure of the financial market（第 8 届中央银行金融市场研讨会）、NBER（美国国家经济研究总局会议）、WFA（美国西部金融会议），其中 1 篇论文已被国际期刊 *Journal of Financial Markets* 接收。

◎周厦

WISE 情结：脚踏实地与仰望天空

2008 年，我与 WISE 结缘，有幸被录取为第二届王亚南经济研究院（WISE）与新加坡管理大学（Singapore Management University, 简称 SMU）预备准备课程项目的学生，赴上海（上海班）和新加坡学习。猛然回首，已过去七八年时间，而在 WISE 两年的学习对我今后的人生产生了深远的影响。

在我看来，WISE 的精神彰显了脚踏实地与仰望天空两方面的特质。一方面她传承了厦门大学校训中"止于至善"的基因，兼具对真理的追求和对人文的关怀，踏踏实实，从不浮躁；另一方面，她具备全球化的视野，秉承国际化的办学理念，汇聚大师级的教授和学术精英，同时体现理论武装与学以致用的结合。

在 WISE 的学习经历很开心、很难忘，虽然学业上要求很严格，但老师和行政团队具有一种厦大人特有的"味道"，让人感觉到尽心与关怀。还记得，在上海上课时，陈国进老师晚上补课之后，请我们全班吃饭，这是我第一次碰到老师教完课还请全班同学吃饭的情形，这样的"待遇"令人印象深刻。毕业后因为工作原因，常常往来于世界各地，无论在哪里，都能见到厦大的校友，他们脚踏实地、为人真诚亲切、毫不急功近利，这几乎是所有厦大人独有的特质。这种脚踏实地的精神来自哪里呢？直到几年后我才找到答案。

新加坡，是校主陈嘉庚先生的创业之地，也是他后来发起创建厦门大学的地方。新加坡的厦门大学校友会有 5000 多人，有几位校友已经年近百岁。在这里可以追寻到一代风云人物的痕迹，包括他当年创建的

社团、学校和居住过的老屋、奋斗过的土地。下南洋的华人，绝大多数文化水平都较低，因而从事着社会最底层的工作，他们经过奋斗发家之后，立志要兴办学校，让后代不再吃没有文化的亏。陈嘉庚先生身为南洋华侨领袖、"橡胶大王"、福建会馆会长，积极号召南洋华人捐资兴建厦门大学。一时间，南洋各个阶层都积极响应，而校主更是具有无私无畏、倾资办学的情怀。正源于此，厦大在建校之初就被注入了付出而不求回报的基因。这也是厦大人多有付出和感恩精神的原因所在。从SMU毕业之后，我和同学们在SMU校友会框架下成立了中国校友会（Sino Alumni Group），为校友们在学业深造、职业发展和生活上搭建一个平台，举办各种活动，提供各种帮助，让在他乡留学的校友有一个共同交流、分享和融入本地社会的平台。

一个国家，总需要一些仰望天空的人。WISE先打开了一扇窗，告诉我们金融的世界是什么样的；接着又推开了一扇门，让我们有机会站在世界的舞台上。WISE在办学理念、师资团队、学生选拔、合作院校、就业辅导和校友联系等方面都引进了国际先进的方式，有一套完善的系统，环环相扣。WISE的老师也各有不同的教育和职业背景。读书的时候，我们常常喜欢拿老师的风格和他们接受教育的国家进行对比，有的严谨，有的风趣，有的广博。WISE通过各种学术讲座，邀请学术界、商业界的精英来帮助学生开阔眼界，使其思维跟国际接轨，很有观千剑而后识器的意思。这其中很重要的一个技能就是net working。从事金融前台，工作交际是必不可少的，如何做到有礼有节，跟不同国家的人从初识到成为朋友，我们通过WISE举办的活动，逐步敞开眼界与胸怀，为未来的职业发展奠定了良好的基础。通过WISE的培养，我很顺利地适应了 SMU 沃顿式的教学方式，30 次 Case study 和 Presentation，我都一一顺利完成。

很幸运，在人生转折的关键时刻，有幸成为 WISE 的一员，在那里遇到了雄才大略的洪永森教授、德学双馨的老师和倾力以赴的行政团队，他们的悉心教导和帮助使我得以迅速成长。

在 WISE，我遇到了项目班的同学，结识了一辈子的朋友。我们一起在压力下学习和拼搏，曾经为了一份 Case study 而进行小组讨论，彻夜不眠，也常常一起聚餐，各自做拿手菜。我们在异国他乡过为成绩、CFA、工作、生活而奋斗，伴着收获的欢笑，也伴有离别的泪水。

在 WISE，我们还收获了相伴一生的、脚踏实地的精神与仰望天空的意识。

作者简介

周厦，2005-2009 年就读于厦门大学嘉庚学院，2008-2009 年就读于厦门大学王亚南经济研究院（WISE）与新加坡管理大学（SMU）预备课程项目，2010 年硕士毕业于新加坡管理大学，现任中源国际执行董事。

第五部分

三界法眼

（采访篇）

◎柯巧　蒙霖

走出一条不一样的路

——专访知名经济学家管中闵教授

【人物名片】管中闵，美国加州大学戴维斯分校经济学硕士、圣地亚哥分校经济学博士。历任美国伊利诺伊大学经济系助理教授、副教授，台湾大学经济系专任教授，台湾地区"中研院"经济研究所专任研究员、特聘研究员，台湾地区"国科会"社会科学研究中心主任，台湾大学经济系与财金系合聘教授等，2001 年任"中研院"经济研究所所长，2002 年当选为"中研院"院士，并曾担任台湾经济学会理事长，2007 年创设"台湾经济计量学会"并担任理事长。

时值 WISE 成立十周年纪念之际，我们有幸对管中闵教授进行了专访。虽然管教授没能亲临厦大，但在半个多小时的电话采访中，我们依然能感受到大师的那份智慧与人格魅力。期间，管教授分享了他对两岸交流、学术和 WISE 的看法和深刻见解，也借此机会表达了对 WISE 的衷心祝福。

两岸交流与 WISE 的努力方向

不论是在大陆高校还是在台湾高校，管教授都有着丰富的教学经验，对两岸高校自身的特点和未来的发展也有着深入的认识。当我们问及台湾高校对大陆高校的发展有什么借鉴经验时，管教授的回答让我们感到有些意外。他觉得，两岸高校通过多年来的学术交流，取长补短，大陆高校已经取得了长足的进步。如今，大陆高校在某些方面甚至比台湾高校做得更好，要说借鉴的话，大陆高校才更应是台湾高校学习的对象。而对于海峡两岸未来的合作，管教授认为这将是大势所趋，重要性不言而喻，这样的合作将更深入、更频繁、更多元化地继续走下去。

说到 WISE，管教授首先对学院的发展给予了充分的肯定。他说，走进 WISE 本科生或研究生的课堂，几乎感觉不到与亚洲或欧美一流高校的区别。WISE 自成立以来，一直致力于突破制度障碍，提高厦大经济学整体水平，在与国际接轨这方面做得相当成功。在他的话语中我们也能感受到管教授那份浓浓的 WISE 情和强烈的自豪感。同时管教授也提出了自己殷切的希望。他回顾自己当年的经历，台湾也是发展了很多年，一直在跟随西方的脚步，他更渴望看到我们能思考一些不一样的问题，比如 WISE 和厦大如何在培养学生的过程中更好地结合西方的经济学训练，如何在与国际接轨之后更好地利用西方经验并结合"十二五"、"十三五"规划，回到所处社会看其本身存在的问题以及未来可能面临的问题，而不再一味地追求与西方的同步。管教授建议我们花更多的精力去推动经济学研究中解决现实问题的研究，他坚信 WISE 在以后的日子里会做得更好。

学以致用

经济学的学生往往对如何运用知识感到有些困惑，不知道怎样才能更好地将理论联系实际。对此，管教授提出了自己的见解，他认为运用知识能力的不足主要来源于两个方面。首先，要结合教科书来理解现实问题，教科书看似比较基础、理论，但却能更好地帮助我们认识、解决现实问题。管教授还注意到大陆某些高校现在发表论文非常厉害，甚至已非常接近国外的水平，但在立足现实社会上仍有进步空间。只有将经济学研究和制度相结合，才能将其转化为对现实问题的理解。其次，有些学生把大部分注意力放在了相关工具（数学或计算机的应用）上，有时反而忽略了问题本身。这些工具只能帮助我们认识、分析问题，但并不能解决问题本身。只有更清晰地看到问题的实质，才能利用工具并结合所学找到问题的症结所在。以大陆城镇化为例，分配效率是其中的核心问题，而这也恰恰是经济学所关注的问题，产业经济、土地经济都与此息息相关，在实际操作中还会涉及微观经济学中的拍卖制度等。平时多关注一些这样的问题对我们是很有益处的。

学术与人生

WISE 特别注重和强调学生学术能力的培养，但有些同学对自己是否适合走学术研究的道路还存在些许困惑。对此，管教授回顾了自己的求学和治学经历及一路走来的心路历程，关于自己为什么选择学术研究，他一方面谦虚地表示自己只是运气好；另一方面由于他那时候也没有太多个人的选择，只能一步一个脚印地往前走。但管教授也告诫我们，把希望寄托在运气上不是好的选择，关于未来，自己要掌握更多的信息，从而做出自己的判断。

另外，管教授觉得这样的问题之所以会出现，关键在于现在很多的年轻人不理解学术究竟是什么。而要理解学术是什么，一是要理解学术研究是做什么，二是要理解自己的个性、能力到底在哪里。但并不是每个人都适合走上这条路。管教授把学术定义为发掘未知，理解和解决问题，其中包含了探索、突破、创新等要素。年轻人一定要懂得怎样根据自己的个性和能力来选择未来最适合走的路，要综合许多方面来判断自己可能达到什么或失去什么，而不是亦步亦趋、人云亦云。管教授以他自己的经验说道，就业和学术不是高下问题，不存在谁比谁更好，主要还是看个人的个性和能力。譬如经济学训练需要很多抽象思维，而抽象能力不是人人都有，如果大家发现自己比较欠缺抽象能力，就可以考虑就业或投身别的学科。

学子印象

谈到对厦大及 WISE 学生的印象，管教授毫不吝惜溢美之词，对 WISE 和厦大学生都给予了极高的评价。他记得最早来厦大是受邀做客"南强讲座"，晚上十一点多在校园里散步，还看到教室里灯火通明，很多学生都在认真读书，第二天早上在芙蓉湖边又看到有学生在朗读英文，从此对刻苦努力的厦大学子印象很好。后来 WISE 第一次开办暑期学校，管教授问大家是想用中文授课还是英文授课时，大家异口同声地说用英文。隔了几个月，他在台湾上课时也问了同样的问题，但当时台湾学生都选中文。这点也让他印象非常深刻。管教授还补充道，不止在厦大，很多大陆学生都很敢于发言、发问，不管是在课上还是课下，这在台湾是很少见的。管教授个人觉得大陆学生在认真、努力和奋发上不存在问题，但可能普遍比较拘谨，对有些问题的看法不够灵活。他建议我们要解放自己的思想，不要受到太多束缚，并更多地与外界接触。

同时，管教授早年长期在国外学习、生活，他对于今后有志于出国继续深造的同学也提出了宝贵的建议。工具的运用必不可少，这也是一般人多为强调的。此外，管教授通过自己多年来的观察发现，在美国高校中，亚洲学生常常自己聚集成一个小圈子，很少去了解美国社会本身的结构、背后的制度。这也在一定程度上造成了那些从大陆到海外的教授，研究微观、计量、产业方面的多，而研究宏观的少，因为宏观政策研究牵扯到大量制度、文化层面的东西。管教授鼓励我们多看一些相关的书，重点在了解制度和文化，这对将来进入并更好地融入这个社会、对学生本身和学术研究都会有所帮助。只有真正在文化上了解西方，才能更好地理解美国社会和中国社会的区别。

WISE 十年

从 2005 年 WISE 的第一届暑期学校开始，管教授一路见证了 WISE 的成长。十年来巨大的变化也让管教授感触颇多。他回忆道，在 WISE 刚成立两三年时，国内其他高校便经常提起 WISE 和洪永淼老师。又过了两三年，美国在接收大陆学生的时候，WISE 的名字被具体提出。近年来，WISE 逐渐赢得了国内高校和国际高校的认可。WISE 从无到有，现在已处于灿烂发光的阶段。对于未来的发展，管教授信心满满，他相信 WISE 如果要变得更好，一定要再走出一条不一样的路，要很有效地和大陆一些著名高校有所区别。具体来说，就是要依托于地处沿海地区、接近台湾和东南亚地区的优势，充分发挥 WISE 的特色。管教授还相信 WISE 有充分优越的条件，能够帮中国大陆研究、分析和解决相关经济问题。换句话说，不是所有问题都要留给北京的高校，很多也可以让南方高校来解决，而厦大作为"南方之强"，责无旁贷。从管教授的话语中，我们感受到了他对厦大、对 WISE 的殷切期望和由衷祝愿。

◎李亚日

期盼成为 WISE 永久的一分子

——专访厦门大学信息科学与技术学院党委书记黄鸿德

【人物名片】
黄鸿德，1965年出生于福建永春，1987年12月加入中国共产党，1988年7月毕业于厦门大学经济学院经济系，硕士研究生学历，曾任厦门大学经济学院党委副书记，现任厦门大学信息科学与技术学院党委书记。

王亚南经济研究院成立于 2005 年，迄今走过了砥砺辉煌的十年，十年间，WISE 的点滴成绩均有幸得到各界友人的关怀和帮助，而毕业于厦门大学经济系并长期担任经济学院党委副书记、现任信息科学与技术学院党委书记的黄鸿德老师，就是其中的一分子。他现在仍然一如既往，以各种方式支持、参与 WISE 的发展。

参与 WISE 的品牌创建

站在 WISE 建立十周年的今天，黄鸿德坦言，十年前的自己无法想象 WISE 可以发展到当前这样的规模，取得今天这样的成就。WISE 初创之际只有极为有限的人手，他们凭着顽强的拼搏精神、无私的奉献精神，身兼数职，亲历亲为，成功举办了 2005 年"计量经济学国际培训班"，并在厦门大学以及经济学院的支持下，招收了 WISE 第一批研究生，完成了看似不可能完成的任务，为 WISE 日后的工作开了个好头。

WISE 成立后的一段时间内，全职教师尚未到位，经济学院的不少年轻老师在党政领导的支持下纷纷贡献课时，终于使 WISE 度过了最初艰难的日子，各项工作渐渐步入正轨。即使是在 WISE 成立的第二年，在举办"2006 年计量经济学与金融计量学研究生暑期学校"时仍显力不从心。黄鸿德告诉我们，当时经济学院专门召开党政联席会议，确定由他负责学员在厦门大学期间的安全工作和文体活动。该暑期学校共有学员近 230 人，他们是从报名的 610 余人中层层选拔出来的；除了中国大陆学员外，还有来自中国香港、西班牙、德国、意大利、英国的学员。为此，黄鸿德和经济学院新入职的辅导员江顺带领经济学院的几位学生干部积极承担志愿者服务，除日夜驻守芙蓉五宿舍楼保障学员安全、随时满足学员的各项要求外，还亲自与学校有关部门协调各类场地，先后组织学员开展了篮球、乒乓球等体育比赛以及欢迎和欢送晚会等活动，赢得了学员的高度赞赏。在 WISE 和经济学院为学员们举行的欢送晚会上，学员之间以及学员与经济学院志愿者之间依依不舍、流泪惜别、赠送梳镜的场景，黄鸿德至今仍觉得历历在目。虽然黄鸿德笑称，那些"都是学生的功劳"，但我们仍能感受到他当年参与 WISE 的创建的那份担当与情义。

回忆 WISE 的艰难起步及至成长为如今日的规模，黄鸿德颇多感慨。他与外校的朋友聊天时，经常说他心中，自己一直就是 WISE 的一分子。

WISE 引领高校院长模式

黄鸿德认为，WISE 的风格在诸多院系里独树一帜，带有洪永森教授个人风格的深深烙印。他说，洪永森教授作为国际著名学者，对现代经济学最新前沿和未来发展以及中国经济学教育应该如何转型了若指掌。而其做事的风格是"拼命"，精力充沛，雷厉风行；交流的风格是坦率直白，毫不矫饰，有话直说。在他的表率和带领下，WISE 自创办伊始就采取北美一流高校的教育模式，完全与国际接轨，其作风实干、直接、高效。

国际化的办学理念，令 WISE 显得特立独行，却也给 WISE 的成长之路添加了额外的烦恼。发展的历程从来就不可能一帆风顺。WISE 的"特区"模式与国内的办学体制格格不入，关键时刻往往无章可依、无规可循，各项活动的开展常常遭遇很大的阻力。在此情况下，WISE 表现出了坚忍不拔、迎难而上的精神。坚持总会有收获，WISE 的办学模式最终取得了丰硕的成果。WISE 的学子普遍功底扎实、视野开阔、数理基础过硬，已经得到了外界的广泛认可。作为一个相对独立的学术品牌，WISE 已经成了厦大名片的一部分。遵循国际化的办学理念，聘请海归青年学者，构建与国际接轨的教学和研究氛围，不但取得了良好的教学成果，在科研成果的国际化方面也取得了令人瞩目的成绩。厦大经济学科之所以能在国际上发出自己的声音，WISE 可谓中流砥柱。

在 WISE 的影响下，不仅在厦门大学，甚至在国内不少高校，聘任国际著名学者担任院长已经成为高校创新体制机制、突破发展瓶颈的重要模式，目前信息科学与技术学院也是这种模式。黄鸿德表示，信息科学与技术学院近年来发展十分迅速，这与聘请国际著名学者李军教授担任院长是分不开的。作为信息科技与技术学院的党委书记，学院党委以及他本人今后将一如既往地支持和配合现任院长李军教授的工作，主动向上沟通、协调，争取"特事特办"，突破重重阻力，为信息科学与技术学院坚持国际化和研究型的办学之道、实现学院战略发展目标开路架桥。

关心和关注 WISE 学生工作

回顾在经济学院和 WISE 的工作，黄鸿德深感"两院的饭碗不易端"。经济学院的学生工作，一个突出的特点就是复杂。作为厦门大学最大的学院之一，经济学院的住校学生人数最多，人多则摩擦多、不确定因素多，"这个系统带有固有的复杂性"。此外，经济学是一门社会科学，学生在学习中就能接触到各种国际与国内前沿思潮，同学们对一些问题常常有深刻的见解，让这样的学生心悦诚服可不是一件容易的事情。为了更好地开展思想工作，黄鸿德不得不逼迫自己"与时俱进"，不断加强自身修养。可以说，做好经济学院的学生工作，本身就是一件艰巨而富有挑战的工作，不过，这样一种经历也为他之后开展工作奠定了基础，提供了丰富的参考经验。对于当前 WISE 不设专职辅导员的现状，黄鸿德认为，WISE 主要以硕、博研究生为主，在硕、博阶段，导师跟得较紧，因此承担了一部分辅导员的角色。如果 WISE 招生规模进一步扩大，特别是与经济学院合办的全英文授课的本科国际化班持续增加，黄鸿德建议，设立专职辅导员还是有必要的。

作为信息学院现任党委书记、经济学院前任党委副书记，黄鸿德从事党务及学生工作多年，对于学生的思想建设、心理健康维护倾注了大量心血。提及他的本职工作，黄鸿德顿时精神一振，连语速都不觉加快了。他说，很多同学对学生工作不了解、不重视，认为是弄虚作假、繁文缛节，这完全是一种误解。针对这项工作的重要性，他表示，高校学生来自五湖四海，与中小学时期不同，很多同学远离家乡，远离熟悉的亲人和朋友，面临着全然陌生的环境。同时，由高中考上大学，自身的目标也面临着由唯成绩论的"一元化"向"多元化"的转变。在一个陌生的环境中做好自己人生的"重定位"和"重定向"是非常不容易的，而帮助他们顺利地度过这一人生历程，就是学生工作的意义所在，这样一项工作当然是很有必要的。

此外，这项工作也具有复杂性。一方面，在新的学习环境中，学生会遇到过去从来没有遇到的人或事，给他的思想带来或正面或负面的影响，从而使情绪处于"过载"的状态，这种情绪是十分微妙而不易疏导的。要帮助学生走出负面情绪，需要高超的技巧。另一方面，大学生都已经是成年人，每个人都有他过去十几年来形成的思考方式，直接的说教和灌输往往适得其反。如何主动去了解每个遇到问题的同学，尊重他们的个性，把握他们的诉求，实际上是在考验学生工作者的技巧与能力。黄鸿德举了这样一个例子：曾经有位经济系的学生，过去学习成绩非常好，大三开学以后却长期翘课，窝在寝室里玩网游，辅导员的几次谈话乃至批评都没有扭转他的行为。后来黄鸿德亲自去找他谈心，去前可谓是做足了"功课"：先向其他同学了解了那款游戏的一些"术语"和"行话"，最后还在自己的电脑上安装并"试玩"了一把。在跟那位同学聊天时，黄鸿德"出其不意"地从他正在玩的游戏切入，一下子就拉近了两人之间的距离。在之后的谈话中，那位同学也逐渐卸下了防备，吐露了自己心中的郁结，黄鸿德也得以因势利导，帮助他解决了生活中遇到的问题。

推动信息科学学院与 WISE 共发展

从 2007 年起在信息科学与技术学院工作至今，黄鸿德接触最多的是信息科学与技术学院的学子。从文科到理工科，面对的学生有什么不同特点呢？黄鸿德认为，随着现代经济学的发展，经济学科与理工科的共性，甚至还要多于经济学和传统人文学科的共性。他表示，现代经济学同样强调逻辑、公理和模型，强调用数据进行分析。而恰恰是因为两者有很多的共性，它们的结合和交融也就值得重视。具体到信息科学，现代经济学需要高维数据的采集、处理和运算，许多经济模型也需要通过设计算法求解，还有许多新研究从系统论、控制论的角度来理解经济体系，可以说两者在越来越多的领域出现了结合点。兼具两个学科所长的人才能够实现 1+1>2 的效果，因此这个方向的合作是非常有必要且有广阔前景的。

近期信息科学与技术学院和经济学院、WISE 已经开始密切讨论合作举办跨学科论坛和开办双硕士学位项目，这在厦门大学将是一次开辟新教学模式、开启新征程的尝试，也将是各自人才培养的新的历史起点。兼具不同学科的知识和技能，在黄鸿德看来，不仅和学科发展、人才培养密切相关，也与学生的就业息息相关。当前学界、业界都需求复合型人才，人才不仅需要能设计、能构想，还要能计算、能实现。对于经济学的学子来说，掌握工程实现技能无异于给自己的经济理论思维插上了翅膀，更有利于自身人力资本的增值。

黄鸿德最后深情地表示，自己虽然已经离开经济学院、WISE 工作快八年了，但对经济学院、WISE 的支持和深厚的情感从未减少，今后他仍会以极大的热情，通过各种方式关心、支持 WISE 和经济学院的建设与发展，他真诚期待 WISE、经济学院连同信息科学与技术学院一并进步，共同发展。

◎龚腾达

建成世界一流经济学科
——厦门大学经济学院党委书记雷根强教授专访

【人物名片】雷根强，厦门大学经济学院党委书记，财政系教授，兼任全国税务专业学位研究生教指委副主任委员、教育部财政学类专业教指委副主任委员、中国税收教育研究会副会长等职。

2015年3月的一个下午，我们有幸采访了经济学院党委书记雷根强教授。雷书记以其亲身经历、见闻和感受，与我们分享了这十年来 WISE 所走过的难忘历程，同时表达了他对 WISE 的祝福以及对厦大经济学科未来发展前景的期待与展望。

创业十年　硕果累累

WISE 自 2005 年 6 月成立以来，转眼已经过去了十年。雷书记说，这十年是艰苦创业的十年，是改革创新的十年，是不平凡的十年。对于 WISE 这十年的发展历程，雷书记先从 WISE 成立的背景谈起。

时间回溯到 21 世纪初，也就是 2003 年左右，厦大经济学科开始探索经济学人才培养和学科建设的现代化和国际化问题。正是在这样的背景下，学校领导决定成立王亚南经济研究院（WISE），由此开启了厦门大学经济学科国际化办学与建设的序幕。之所以命名为"王亚南经济研究院"，学校也是经过深思熟虑的。王亚南先生不仅是厦门大学的杰出校长之一，而且也是著名的经济学家、资本论的翻译者之一，著述颇丰，在学术界具有广泛而深远的影响力。他的不朽之作《中国官僚政治研究》和《中国经济原论》等著作，至今在学术界仍享有崇高地位。将这一改革"特区"命名为"王亚南经济研究院"，也是为了传承和发扬王亚南校长的科学精神。

作为一个经济学人才培养和教育改革的"试验区"和"特区"，学校给予了WISE很大的办学自主权，对WISE实施了一些不同于旧的办学体制的特殊政策，让WISE能够顺利地进行试点改革，发展壮大，走在前列。十年来，在洪永淼教授的带领下，WISE在各个方面都取得了显著成果，从无到有，从建立到壮大，令人欢呼，催人奋进。

WISE自成立之初，便聘请国外知名高校毕业的优秀海归博士，组建教学科研团队。在学生培养上，WISE可谓下足了功夫，勇敢地走在前列。在学科建设上，WISE审时度势，谋篇布局，有选择性地重点建设了一些优势学科。目前学科领域包括宏观经济学、微观经济学、计量经济学、金融学、统计学和应用微观六大领域。WISE还打造了一支高素质、能战斗的行政队伍，办事效率高，工作认真负责，它对确保整个学院日常工作的顺利运转，可谓功不可没。

总之，WISE在各项建设上倾情合力，因而在短时间内就一跃成为国内具有显著影响力的经济学教育科研基地，在亚太地区乃至国际上有着良好的声誉和重要的影响。雷书记表示，正值WISE成立十周年之际，我们应该向WISE的全体教职员工表示热烈的祝贺和衷心的感谢！

WISE 力量源泉

谈及WISE能够发展到今天的规模、水平和影响力的原因，雷书记认为，大的层面这得益于国家改革开放的政策，而最直接的原因总结起来至少有以下四点：

第一，校党委和校行政的正确领导和大力支持。成立WISE，是学校层面做出的正确决策。具体来说，学校聘请国际知名的计量经济学家洪永淼教授担任院长，保证了办学的高起点。同时，学校给予 WISE 充分的办学自主权，给予"特区"待遇，进行"特区式"管理，使得 WISE 能够顺利采用现代化、国际化的办学模式，改革创新，发展壮大。此外，学校还给予资金上的大力支持，帮助 WISE 建立年薪制与聘期考核制，招纳海归，进行师资力量建设，对开启国际化办学起到了至关重要的作用。

第二，洪老师的辛勤付出。洪老师是厦大的毕业生，在厦门大学度过了本科（物理系）和硕士阶段（经济学院）的学习与生活，可以说对厦门大学和经济学院有着深厚的感情。无论是学术研究能力与成就，还是组织管理能力，洪老师都是十分突出的。担任 WISE 院长以来，洪老师勤勤恳恳，尽心尽责，令人折服。他将国外先进的办学理念引入 WISE，运用前沿的战略思维，充分利用国际学术资源，组织和协调院里的各项重大事务。他在国内工作的半年时间都排得满满的，一天休息的时间不到 6 个小时。即使是在康奈尔大学工作时，他也利用互联网等现代技术与两院的工作人员和老师即时沟通、交流。

第三，WISE 师生的共同努力。老师们教学认真、负责，科研也十分努力；学生们勤奋刻苦，踏实肯学。此外，行政管理人员的高效工作也保证了学院各项事务的正常运转。

第四，学校相关部门以及经济学院、社会各界的鼎力支持。尤其是在建院初期，经济学院对 WISE 给予了很多帮助与便利。WISE 的成立肩负着带动经济学院的学科改造与提升的使命和任务，WISE 办得好，对经济学院的学科建设也会有很大的促进和帮助。

两院融合

谈及两院融合问题，雷书记深有感触，也让我们对两院融合中的困难、成果以及未来有了一个全面的了解。

当初建立 WISE 的目的，在很大程度上就是促进和带动经济学院的学科转型和提升，所以两院融合是势在必行的。

雷书记认为，两院融合的进程可以以 2010 年为界，分为两大阶段。

　　第一阶段，也就是初期阶段，虽然也有两院融合的某些制度安排，但两院融合是比较困难和缓慢的。一方面，两院办学的体制、机制有很大不同；另一方面，两院师资队伍的教育背景与研究经历也有明显差别。

　　第二阶段，也就是 2010 年年底，两院融合开始取得实质性进展。当年年底，恰逢经济学院老一届行政领导班子换届，学校决定聘任洪老师为经济学院院长。这样一来，洪老师便兼任两院院长，为加速两院的融合奠定了基础。

　　如今，在两院融合方面取得了重要进展，发挥了 1+1 大于 2 的作用。如两院实行"双聘"制度，目前已经有十多位老师同时受聘于经济学院和 WISE。"双聘"之后，两院的老师交流明显增多，加速了两院在教学、科研方面的融合。与此同时，两院共同主办学术活动，学术资源也实现了共享。在开课方面，两院的师资也实现了一定程度的共享，比如经济学院的一些课程请 WISE 的老师来讲授。令人欣喜的是，近年来，两院的老师开始一起组建 seminar，合作开展科研，共同研讨学术，联合发表论文，等等。

　　此外，两院还共同创办了经济学本科国际化试点班。未来，两院还将在其他学科领域合办国际化试点班。在社会服务上，两院的资源也得到了整合，两院共同努力，已经成功举办了一些有一定品牌影响力的项目，诸如 EDP 等。

展望未来

　　最后，雷书记谈起了 WISE 和经济学院的未来发展。

　　他告诉我们，厦门大学提出到建国 100 周年时，建成世界一流大学的愿景，经济学科理应当好"排头兵"。为此，在 2014 年学院的党代会上，学院党委和行政提出了未来发展的两个明确目标：第一，在厦大经济学科成立 100 周年时，全面建成世界高水平的经济学科；第二，在新中国成立 100 周年时，厦大的经济学科跻身世界一流经济学科行列。

　　这一过程分为三个阶段：第一阶段，在建校 100 周年暨经济学科成立 100 周年之际（2021 年），两院在人才培养、科学研究、社会服务和创新的整体水平上得到全面提升，建成世界高水平的经济学科，为建设世界一流经济学科奠定基础；第二阶段，在 2035 年，两院服务国家发展的能力更加突出，国际学术水平显著提升，有 5~10 名世界级学术带头人，整体实力在亚太地区达到一流，若干学科达到或接近世界一流水平；第三阶段，在建国 100 周年之际，也就是 2049 年，两院的学术声誉和学科水平获得国际公认，学科的主要指标和整体实力跻身世界一流行列。

雷书记希望两院的师生员工共同努力，牢牢抓住改革与发展这一主线，解放思想，改革创新，凝心聚力，锐意进取，按照建设世界一流学科的总体构想，努力走出一条"中国特色、世界一流"的发展之路，早日实现建成世界一流经济学科的目标。最后，值此 WISE 建院十周年之际，他祝愿 WISE 越办越好！

采访后记

下午 5 点整，我们愉快地结束了访谈。听完雷书记的一番讲述，作为 WISE 的一分子，我们也倍受鼓舞。我们真诚地祝福 WISE，祝福每一位老师，祝福每一位工作人员！

◎程卓　陈灵丰

学术的精神在于求真

——访知名经济学家李志文教授

【人物名片】

李志文，1977 年获美国罗彻斯特大学经济博士学位，曾任美国杜兰大学商学院"蔻翰讲座"教授、浙江大学"光彪讲座"教授及清华大学经管学院特聘教授，中国教育部"世界著名学者"讲座教授与台湾地区"教育部""国际杰出学者"讲座教授，现为厦门大学王亚南经济研究院教授、博士生导师。

2015 年 3 月 24 日下午，我们专程采访了在中美两地治学多年的李志文教授。学识渊博的李教授跟我们一起分享了他在学术、教育等方面的见解。

治学态度

李志文教授在国际顶级期刊上发表过许多论文，其中有一篇论文的发表过程让李教授至今仍记忆犹新，因为这个过程体现了做学问真正应当持有的态度。那是在芝加哥大学的时候，他读了莫顿的一篇论文，发现里面竟然有错误，但因为这篇论文颇具知名度和影响力，李教授开始怀疑自己的判断是否有误。芝加哥大学有一个很好的传统，就是学生和教授们一起吃饭交流。当时迈伦·斯克尔斯也在芝加哥大学，借着一次午餐的机会，李教授向迈伦·斯克尔斯道出了在莫顿论文中发现的错误，斯克尔斯在回去阅读之后肯定了李教授的发现。之后李教授又向莫顿本人指出自己所发现的问题，莫顿本人也肯定了李教授的发现并鼓励他公开发表。通过这件事，李教授表达了自己的治学态度，即做学问不能带有太大的功利性。这篇文章的发表过程体现了美国为何能执世界学术之牛耳，学术就是学术，没有地位、职务的高低，大家追求的是真理。任何学者都是人不是神，本科生如果能发现错误就更厉害了。中国为什么出不了科学方面的诺贝尔奖？就连"硬邦邦"的理工科系都要送到外国去，然后在外国待一辈子，挂着美国某某大学的名字才能拿到诺贝尔奖？这显然与国内的学术环境有很大关系。在国内，一个学术大牌往往想方设法遮掩自己犯过的错误，并对揭示错误的他人文章进行封杀。职务、名利和地位超越了对于真知的追求与尊重，如果这种学术环境不改变，再多的数理训练也无法培养出一位纯正的、中国本土的诺贝尔奖获得者。李教授认为学术就是学术，就是好玩的东西、让人睡不着觉的东西，只要有新的发现，大家都应该高兴，这才是做学问的态度。

在谈到厦大经济学科的学术氛围时，李教授认为厦大经济学科没有"官本位"思想，它最值得尊重的就是学术精神。

做学问需要具备的素质

李教授称经济学者分为"吹派"和"算派"两类，自己属于"吹派"。"算派"拥有扎实的数学功底，能够看懂一篇复杂的论文，用很干净的数学工具把很深的道理讲清楚；而"吹派"则有穿透现象的眼光，能把现象解释清楚。李教授举了科斯的例子，身为诺贝尔经济学奖获得者的科斯发过的论文几乎没有一个数学符号，却深深地影响了经济学界，可以说他是一个超级"吹派"，是他让人们看穿了现象背后的原理和原则。

　　而作为经济学科的研究生，李教授认为想要在学术道路上有所成就，两方面的能力都应当注重培养。研究生需要扎实的数理基础，这样才能在科学上一砖一瓦地有所建树。他说在落后国家里连"算派"都没有，所以落后国家里的"吹派"是很危险的，因为没有数理工具去推敲这些思维，就无法得出真正经得起检验的理论。

结缘 WISE

　　当我们问起李教授为何结缘 WISE 时，他称这是一个"爆炸性"的问题，于是他给出了一个"爆炸性"的答案。早在李志文教授加入香港科大不久，浙大当时的书记张浚生便邀请他去浙大，虽然这个邀请被李志文教授拒绝了，然而浙大方面一直没有放弃。从张浚生书记开始，浙大的三任书记、三任校长都坚持不懈地邀请李志文教授加盟浙大。李志文教授被这份诚意感动，最后终于答应加盟。加盟之后，李志文教授得到了当时浙大校长和书记的礼遇，获得了很多资源，他想要邀请更多的能人来一起实现教育改革的蓝图，于是他首先想到了洪永淼教授。在请洪教授去浙大的过程中，李教授和洪教授约定，如果洪教授没能加入浙大，那么李志文教授就要选择加盟 WISE。最终由于种种原因，洪教授没能加入浙大，因此李志文教授遵守约定加盟了 WISE。

　　李教授说道，他加盟的原因是希望能够建立学术的框架，个人一时的成败得失、功过名利不过是过眼云烟，很快就会消失在漫漫的历史洪流中，而能让国家和民族能进步的事业才会如江河长流，生生不息。

十年寄语

　　在谈及教职人员的录取问题时，李志文教授认为 WISE 已经位居国内顶尖地位，许多世界顶尖大学的博士生都愿意应聘来 WISE 工作。李志文教授相信学术氛围浓厚的 WISE 将吸引更优秀的科研人员加盟。他还期望，WISE 将来能够提供更多、更好的资源，建立更好的学术环境，就像一块花团锦簇的学术花圃，培养出更多根植于这块花圃上的优秀学者和优秀科研成果。

◎孙小军

志同道合与 WISE 前行

——专访厦门大学能源学院党委书记孙梓光

【人物名片】孙梓光，1968 年出生于福建福安，1994 年 7 月本科毕业于福建师范大学化学系，2002 年 7 月硕士毕业于厦门大学化学化工学院，曾任厦门大学经济学院党委副书记，现任厦门大学能源学院党委书记。

十年树木，百年树人，厦门大学王亚南经济研究院（WISE）的成立和成长绝不是一件简单轻松的事情。许多人曾为 WISE 的成长付出了自己的智慧、心血和汗水，其中就包括担任厦门大学经济学院党委副书记十余年、现任厦门大学能源学院党委书记的孙梓光老师。

志同道合谋发展

2005 年 6 月，厦门大学王亚南经济研究院（WISE）成立，这是厦门大学乃至中国经济学科发展历程中的一件大事。说起 WISE 的成立与成长，孙梓光感慨颇多，同时他也很庆幸能够参与到这项事业中来。孙梓光告诉我们，WISE 成立时，他已经在经济学院服务了一年多，有幸参与了 WISE 成立前的筹备工作和成立后的前期工作，2007 年起他又直接分管了 WISE 的学生工作。

孙梓光表示，WISE 的迅速发展与学校的战略、站位和高度重视密切相关，同时也与首任院长洪永淼教授的辛勤付出密不可分。要办好一个新的学院，选择一个合适的领导者是至关重要的。他既要有顶尖的学术能力，又要有卓越的管理能力；既要有充沛的精力，又要有"俯首甘为孺子牛"的奉献精神。作为美国康奈尔大学经济学与国际研究讲席教授、国际著名计量经济学家的洪永淼教授还是厦门大学经济学院的院友，亦是厦门人，对厦门大学有着深厚的感情。洪永淼教授担任 WISE 首任院长，应该算得上是量体裁衣、天造地设，而他"顶天立地"的优势在 WISE 的成长过程中也得到了最好的诠释。

在一个传统体制的高校里面成立一个全新的且完全与国际接轨的教育与研究机构，困难重重。WISE 作为厦门大学的一个教育"特区"、国际化窗口，除"顶天立地"的院长之外，还要招聘一批国际化人才，引进海归学者。孙梓光说，WISE 白手起家、从无到有、从小到大的过程，一个人很难做到；WISE 的成立和茁壮成长靠的是大家齐心协力、一心一意地贡献自己的力量。在短短十年间，WISE 便硕果累累，这是大家精诚合作的结果，在合作的过程中，大家志同道合，形成了团结友好的关系。

"海""土"融合共发展

洪永淼教授是海归院长，能源学院的李宁院长也是海归。算起来，孙梓光与海归院长一起工作的经历已经有十年之久了。海归院长的行事风格和思想观念与传统院长有较大的差异，学院党委如何配合海归院长谋划学院整体发展，孙梓光对此深有体会。他表示，海归院长作为国际著名的专家，通晓国际规则，熟谙人才培养规律和学科前沿，应被赋予更多的相对独立的空间，特别是在人才培养、学科建设与科学研究等方面；学院党委应围绕学院中心工作，确保海归院长有足够的精力投入到这些方面去。孙梓光说，学院党委、学院行政与海归院长之间目标应该一致，做到精诚合作，分工明确，各司其职，充分发挥各自的优势，这样海归院长模式将在实现厦门大学"两个百年"奋斗目标的过程中发挥更大的作用。

新的思潮带动学科走出樊篱，带动传统学科走向科学创新之路。如今，厦大经济学院和 WISE 正是这一模式的身体力行者。关于这一点，孙梓光认为两院融合是大势所趋，"但是两院融合要有一个过程，现在两院合聘的教师越来越多，两院的学生培养方案在逐步靠近，越来越多的经济学院教师去国外交流和访学……这些都是为了加速两院融合、促进两院共同发展。"那么，在两院融合过程中，WISE 应当如何保持自己的特色？孙梓光认为，两院的发展目标与定位应该有所差异，WISE 开拓创新的精神将发扬光大。

学生工作 WISE 特色

从 2007 年开始，孙梓光作为经济学院党委副书记直接分管 WISE 的学生工作，主要负责学生的思想政治和心理辅导等方面的工作。孙梓光不无自豪地说，WISE 的课程难度较大，部分同学心理压力很大，他与团队时常深入学生当中，了解具体情况，慢慢引导学生，在这种过程中，他们之间成了很好的朋友。对于 WISE 因何没有设置专职辅导员，孙梓光认为：其一，WISE 的研究生人数比较少；其二，研究生管理与本科生管理是有区别的，对于研究生要给予更多的自由，形成学术研究的氛围；其三，WISE 跟学生之间的沟通和互动，更多的是依靠导师来进行，这些也成就了 WISE 学生管理工作的国际化特色。

2013 年底，孙梓光因工作需要离开了 WISE 和经济学院，前往能源学院担任党委书记，但他表示自己还一直在关注 WISE 的学生管理工作，他很赞同和欣赏 WISE 的学生管理工作模式。让他印象最深的是学生与教师之间的联系——师生之间的关系是平等的，而且没有隔阂，"你随时都可以找到老师，你发邮件给老师，老师很快就会回复"。这种"以人为本"的师生关系也很好地体现了 WISE 的国际化特色。

剪不断的 WISE 情缘

2004 年初至 2013 年底，孙梓光在经济学院服务了十个年头，也见证和参与了 WISE 的成立与成长，为 WISE 的发展贡献出了自己的一份力量。回顾这个历程，孙梓光心怀感激，他认为这份经历给了他很多的锻炼，不管是在做人还是做事方面都对他有很大帮助。他与经济学院和 WISE 的很多师生都成了要好的朋友，感情笃深。

经济学科在翔安校区设有教学中心，孙梓光对于经济学院和 WISE 在翔安校区的工作给予了很大的帮助。经济学科计划把厦大的咖啡文化传播到翔安校区，孙梓光说，咖啡屋应该把翔安校区理工科的特点和经济学科的学术、文化氛围相互交融，同时通过咖啡屋向翔安校区的学生宣传 WISE 的文化，吸引他们前来 WISE 深造。一句"翔安校区有事找孙书记"是对孙梓光在翔安校区为经济学科提供帮助的最高认可。

在整个采访过程中，孙梓光书记亲切友好，一直耐心、细致地回答着我们提出的各种问题。在采访结束时，孙书记表达了他对 WISE 十周年院庆的祝愿，"祝 WISE 更好、更快、更顺地向前发展，取得更辉煌的成就！"

◎ 林巧玲

"研"字当头　引领国际化

——访厦门大学研究生院常务副院长陶涛教授

【人物名片】陶涛，男，美国 Case Western Reserve University 医学院病理学系博士，加拿大 McGill University 大学博士后，现任厦门大学研究生院常务副院长、厦门大学生命科学学院生物学教授。2006 年至今任中国生物化学学会蛋白质组学专业委员会委员，现任中国学位与研究生教育学会理事、武汉大学兼职教授、博士生导师。先后担任过 *PLoS One, Cellular & Molecular Neurobiology, Journal of Proteome Research*，*Proteomics, Cancer Investigation, Molecular & Cellular Biochemistry, Science China, Protein & Cell* 和 *Biochemistry & Cell Biology* 等国际期刊审稿人，2011 年至今任 *Biochimica et Biophysica Acta–Molecular Cell Research* (影响因子 5.5) 杂志编委。

　　借着王亚南经济研究院成立 10 周年之际，我们与陶院长进行了一次访谈。访谈就在他的办公室里进行。陶院长思维敏捷、态度亲和，他从研究生教育理念以及培养模式入手，从国际化教育的必要性出发，结合研究生自身的学习修养，同时也结合他自己的海外求学经历，为我们详细地勾画了学校对研究生教育所做出的努力。他说，对王亚南经济研究院十年来教育创新的发展，学校层面提供了必不可少的支持，对学院目前所取得的成绩，学校层面也给予了高度肯定。他本人对 WISE 未来的发展寄予了厚望，希望 WISE 在众望所归中，越走越远，越走越强。

研究生培养应以"研"字当头

陶院长认为，研究生入学后，学校应当积极用各种方式调动研究生的研究潜力以及研究热情，在培养过程中让他们具备分析问题和解决问题的能力，从而释放研究潜力，为打下良好的学术研究基础做好准备。学术型研究生就要以"研"字当头，就是要给研究生更多的自主科研时间，让他们在科研熏陶和实践中成长成才。

WISE 在这方面就是按照这样的要求来开展的。例如，WISE 的课程设置是将研究生定位为今后的研究人才，为此整个培养方案就是按研究生应该具备怎样的基础来设计的。在这个过程中，学院对学生的培养过程就显得特别重要，其中最重要的就是：培养方案如何制定，课程如何设定，导师如何引导和指导学生、如何培养学生独立自主的研究能力等。这些培养模式的设置都将直接影响学生研究能力的培养。

兴趣和爱好是研究的第一驱动力

谈及研究生做研究的热情，陶院长说，一个学生的学术研究热情是非常重要的，如果没有一定的学术研究热情，几乎是不可能做好研究的。因此，我们要让学生建立起自主学习的热情和兴趣爱好，兴趣是研究的第一驱动力，如果没有这样的驱动力，学生很难坚持学习下去。

WISE 的研究生，入学后可以根据自身所需选择不同研究领域的老师作为导师，不同的老师会给学生以启发，也就是学生跟老师之间有一个相互选择的过程，这样的过程，也是让学生找到自己研究兴趣所在的一个过程。

同时，双向选择过程也体现在 WISE 的课程设置上，研究生作为研究人才的课程设置应该有别于本科教育，而不是照搬本科阶段课程设置。WISE 的老师在课程内容上下了苦功夫，例如他们对研究领域的最新发展有极快的反应速度，并与现有教材紧密结合，这样不管是研究领域的最新方法还是最新理论，都能够让学生接触到。学生只有接触到最新的知识，才能够在最新的基础上找到他的兴趣所在，才能够应用最新的方法，使其研究达到创新的要求。

名师出高徒

在研究生师资问题上，陶院长有其独到见解，他认为，研究生的授课老师必须站在学术研究的前沿，如果他不具备最新的知识，那就只能教授给学生过时的知识。因此我们要求研究生导师必须是一个活跃的研究者，置身于学术的前沿领域，具备较高的研究层次和水平。而在这一点上，WISE做得非常好。WISE引进了一批学术水平非常高的研究型老师，他们在从事学术前沿的研究。同时，WISE还不定期邀请很多国外高水平的专家、学者做学术报告，使学生有机会接触各个学术领域的领先学者，与他们讨论交流。这样的师资也是WISE这十年来影响力越来越大的一个必备条件。

其次，研究生必须在导师的指导下开展研究，因此研究生与导师之间的关系非常重要。他们之间如何相互适应，学生如何从导师身上找到研究兴趣，导师如何通过与学生的接触来激发他们的科研火花，如何调动学生的积极性等等，都是学生与导师之间需要相互磨合的关键所在。教师站在学术前沿，并且能够寓教于乐，与学生们进行良好的交流，是使这些过程得以完成的必备前提。学生研究的深度和先进程度取决于导师本身在领域里面的先进程度，一般说来，学生总是在导师的领域里面寻找相关的研究方向。由高水平的研究型导师指导，才能保证学生的研究紧跟国际前沿。

立足国际化

不管是短期交流还是长期留学，现在WISE的学生出国比例都很高。在研究生院提供的出国交流机会里，WISE的同学被很多国外高水平的大学录取，这从另一个方面反映出WISE的同学基础扎实，研究兴趣能与国外前沿研究对接。

聊到出国深造，陶院长回忆起自己在读博士时的经历。他说，当时压力非常大，因为学习任务不仅仅是量的要求，更是质的要求。分数与奖学金挂钩，课程如果有几门不及格将无法参加接下来的项目，不合格学生的淘汰率非常高。在这种情况下，陶院长却只用了不到2年的时间就拿到了博士学位。正是这样一段"拼命"研究的经历，成为他后来从事研究工作的宝贵经验。因此，在研究过程中，我们不应该只看到压力，更应该不断审视自己是否全身心地投入到研究中去。

一个人的眼界决定其高度。陶院长认为，研究生并不是为了拿到一张文凭而毕业，在培养过程中需要培养能力。俗话说：授人以鱼不如授人以渔。同理，发文章不如先好好培养自己的研究能力，这更重要。方法的培养有导师、书本、文献，但还有很重要的一部分，即自己的见识。我们要非常重视拓展自己的视野——知识的积累从来就不会嫌多。因此，我们应当珍惜每一次与不同的人、不同的文化交流的机会，并在这样的过程中不断提升自信心。

国际化程度有多种多样的解读视角，其中最重要的视角体现在两个方面：一是我们的学生走出去的比例，二是我们能够吸引多少国外的关注度。换句话说，即我们培养的人才有多少机会参与国际研究前沿？我们的人才有多少能够引领国际研究潮流？陶院长说，这都是学校和WISE将来努力的方向。

陶院长特别提到，WISE作为我们学校研究生培养的先行者，学校给予了高度认可。研究生院需要加大力度，将现有学科与国际接轨，同时把国际先进的人才培养方法引入厦门大学，让厦门大学在学科发展方面与国际一流院校齐头并进。他祝愿WISE能够以更饱满的姿态迎接未来的挑战。

采访后记

在聊到国际化的时候，陶院长讲了这样一段话，令人印象深刻："我们并不是为了坎坷而坎坷，而是希望每个学科按照本学科人才培养的规律来做事，参照和借鉴国际一流学科来培养学生。我们尊重WISE的选择。"他对 WISE 现有的模式给予了高度的认可。WISE 对研究生的管理非常严格，从课程考核要求到论文评价标准都有一整套的国外先进模式。 WISE 通过对培养过程的高水平要求来保证研究生培养质量的高水准。我们也坚信，如此科学、用心的规划一定能够让学生赢得美好的未来。

◎陈婉芳

专访厦门大学嘉庚学院院长王瑞芳

【人物名片】王瑞芳，男，经济学教授。1978年春考入厦门大学，1982年和1985年先后获得经济学学士和硕士学位，1985–1988年在厦门大学经济系任教，1988年由国家教委选派赴英国纽卡斯尔（Newcastle）大学进修产权理论和经济政策评估，1989年获英国海外研究学者奖学金（ORS Awards）并进入英国格拉斯哥斯托拉斯（Strathclyde）大学攻读经济学博士，1994年获得经济学博士学位，之后受聘于新加坡南洋理工大学南洋商学院和人文学院。2003年受邀回国，创办厦门大学嘉庚学院，并任院长至今。

行政管理——"圆圈理论"、"三度思维"与"组织文化"

"据我所知，WISE是国内名列前茅的经济研究机构，是人才培养的重要基地，在国际上也相当有影响力。WISE的成功凝聚了院长洪永森教授和学院所有老师的心血。"王瑞芳院长的开场白充满了对WISE办学质量的高度肯定。

王瑞芳院长自2003年创办厦门大学嘉庚学院以来就立誓要办一所

"不一样"的大学。他在学院的行政队伍管理上很有心得。实际上，WISE 的行政队伍建设与王院长的管理方法有异曲同工之处。

"WISE 一直以来定位比较高，而嘉庚学院是一所本科学校，但是他们的相通之处就是新机制、新模式，我们没有用传统的、过度行政化的方式来办嘉庚学院或者是 WISE。"王院长如是说。

"对嘉庚学院来说，我们以本科为主，最主要的想法是用民办机制的新模式、新方法去办一所'不一样'的大学。这其中有一个很重要的'圆圈理论'：首先，学生是我们的中心。我们认识到没有学生就没有学院，学生的成长、学生的利益是我们学院最关心的一件事情。与公办学校不一样，我们要从市场上通过自己的教育产品、教育服务来说服家长把子女送到这里。没有学生就没有其他的活动，所以'圆圈'里最中心的部分就是学生。其次，在此中心之外是我们的教师。教师的主要活动是教学和科研，其职责主要围绕学生，其中有他们学业的成长、人格的成长以及生活上需要的支持。最后，圆圈最外层是我们的行政团队。它要做好为学生和教师服务工作，为实现学院的目标服务，为所有前面的同心圆服务。所以我们最重要的理念就是：行政管理团队要为学生服务，为学校的主要工作服务。这或许就是跟一些传统的公办学校那种"官本位"观念不太一样的地方。"

说到行政管理，王院长强调了行政队伍建设的"三度思维"："首先是'态度'。行政人员对所服务对象的态度一定要好，如果行政人员对我们的学生态度不好，我们就会对行政人员'态度不好'。第二是反应的'速度'。我们的师生，特别是学生，在生活、学业甚至行为上都会出现问题，这时我们的教务人员、辅导员，包括各系的领导的反应速度要快，不能看到问题当作没有发生，或者有问题不断往后拖。第三是反应的'准确度'。有的时候行政人员的反应非常迅速，但是反应错了也不行，必须要求其反应非常准确、细致。"

在过去十多年的行政管理中，王瑞芳院长非常重视"组织文化"的建设。"任何一个组织要有特别的吸引力、竞争力，一定要有自己独特的组织文化。我们的'组织文化'包括以下几点：第一，对学院的理念高度认同，行动一致。我们强调敬业、合作、务实、创新，每个人对自己的工作都要有敬畏心。第二，奖罚分明的管理原则。一个老师干得好与干得差必须是不一样的，干得多与干得少也必须是不一样的。如果制度或者组织文化没有界定清楚的话，每个人会都选择干少和干差，这样整个组织就沉沦下去了。第三，行政队伍追求一种有活力的'动态稳定'。我们不是为了稳定而稳定，我们是为了学生和学院的最终利益在全球范围内去寻找认同我们的人。如果我们发现你不合适，或者你发现我们不合适，你可以到别的地方去；同样，如果我们发现更好的员工也要引进来，这也是很多公办学校做不到的。第四，在主人翁精神和契约精神之间形成一种平衡。一方面，理论上讲任何加入我们的师生都是我们的主人，但正因为是主人，就必须要多做一些有利于学院的事情，不利于学院的事要有意识地去化解它，这就是主人翁精神。另一方面，也希望大家按照合同契约，遵守承诺，不能反过来说我是主人就可以随心所欲。"

WISE—嘉庚学院—马来西亚，感恩合作，共同发展

在 WISE 和经济学院的留学准备课程项目中，有不少生源来自嘉庚学院，这很好地保证和促进了这些项目的可持续发展。与此同时，王院长表示，留学准备课程项目对嘉庚学院的教学和学生培养等也有相应的促进作用。"我要由衷地感谢 WISE 和经济学院。留学准备课程项目使我们的学生有机会到国外的好学校就读，这为他们的人生提供了更好的平台。"

"首先，我们自己的对外合作项目做起来也不是那么容易，特别是在研究生层面上，所以 WISE 这个项目对我们而言是一种机会和帮助。其次，我们的学生在争取进入这个留学准备课程项目中看到了自己的差距，对我们的学风建设、对学生的学习，尤其是英语学习有直接的促进作用。最后，在这个过程中，学生在国外的交流也让他们增强了信心。他们能有机会跟来自更好的学校的学生一起学习，并通过这个过程客观地评价自己的能力，增强信心。"

王瑞芳院长是厦门大学马来西亚分校的候任校长，厦大经济学科也将在那里成立经济与管理学院。对此，王院长认为设立马来西亚分校是厦门大学的一个重要决策，是厦门大学国际化的又一个里程碑，在全国也是首创。一个比较完整的、综合性的分校在海外设立，对于厦门大学

来讲既是挑战，也是机遇；如果能够很好地把挑战转化为机遇，对厦门大学的长足发展，特别是国际化办学和参与国际高等教育竞争会有很大的促进作用。建立经济与管理学院是很自然的选择，因为经济和管理是厦大的优势学科，同时也比较受当地民众的欢迎。王院长很感谢洪永淼教授和其他老师对马来西亚分校经管学院的支持，他们从去年年初就开始筹备课程。王院长期待 WISE 和经济学院的老师们能够继续支持马来西亚分校的办学，同时也希望他们能够积极利用马来西亚分校的平台，到那里去做一些关于东南亚经济的实地考察，跟当地的学者进行更密切的合作。

寄语 WISE——再创辉煌

采访接近尾声时，王院长再次肯定了 WISE 的成长："首先，WISE 有灵活的机制，如果按照国内其他学院一样去管理，可能就没法获得这么快的成长。其次，WISE 从创立之初按照国际一流经济研究院的标准来定位，一开始就实行国际化。从某种程度上说，这与洪永淼教授本人也有很大的关系，他的经历、勇气和智慧，让 WISE 一步实现国际化变成可能。最后，WISE 的组织文化比较好，很多老师都是从海外归来，受到国外良好学术环境的熏陶，因此来到 WISE 后比较容易形成一个国际化的、有利于科研和探讨人才培养新模式的环境，在组织文化建设上减少了很多管理成本。"

最后，王院长寄语 WISE："WISE 这十年很成功，希望在接下来的十年能够再创辉煌，能够让这里的毕业生、老师、工作人员都为 WISE 感到自豪。这是我们共同的愿望。"

◎彭娟　姜时雨

计量经济学是一门寻求正确解读数据信息方法的学科

——访计量经济学大师萧政教授

【人物名片】萧政，美国斯坦福大学经济学博士，曾任国际权威经济学期刊《计量经济学》（*Journal of Econometrics*） 主编，世界经济计量学会(Fellow of Econometrics Society)院士，台湾地区"中央研究院"院士，现为美国南加州大学经济系教授。

时光易逝，岁月难留，转眼间 WISE 就迎来了十周年生日。值此欢庆之际，我们有幸采访了在计量经济学领域做出卓越贡献的萧政教授。

萧政教授早年曾在台湾大学和英国牛津大学求学，随后在美国斯坦福大学先后获得统计学硕士、经济学博士学位。目前，他任美国南加州大学经济系教授，长期从事计量经济学教学与研究，是世界面板数据研究领域的权威学者，其专著《面板数据分析》深受学术界好评。

作为 WISE 的学生，我们也开设了计量经济学领域的相关课程，但是对很多人来说，计量经济学是一门复杂、抽象的学科，学习起来比较困难，为此，我们专门请教了萧政教授关于计量经济学学习方法的问题。萧教授认为，正如经济领域的价格是由需求和供给双方决定的一样，如果一件事情很容易，那么供给就会很多。用经济学的这一理论来看计量经济学的学习，也是同样的道理。正是由于计量经济学比较困难，学习的人较少，那么专心致志地在这一领域耕耘所能得到的收益才会较高。对学生来说，如果知难而退或畏难不进，那就没法指望自己最终会有多大收获。只有知难而进，迎难而上，才能成就他人无法享受的荣耀。对于计量经济学这门学科，萧政教授认为，它所使用的数学知识比较多，若我们能趁年轻时多学点数学知识，那么学习起来就会相对比较容易。数学是严谨的逻辑思考的训练，这种逻辑思考方式能够让我们看问题比别人更深入、更有条理。

回忆起自己当时在英国念书的经历，萧政教授清晰地记得，自己两年的求学过程中只有一次考试，而这一次考试则决定着每一位学生最终是否能获得文凭。与自己当年在台湾接受的教育不同的是，在英国牛津大学，任课的教师与出考卷的教师是不同的两拨人。当时就有学生表示不理解，认为自己平时所学的知识与考试的内容并无多大关联，而学校的老师则告诉他们，学生走入社会以后，遇见的问题并不是自己上课所学的内容，学校教给学生的是一种逻辑思考和看问题的能力，具备了这些能力，学生才能灵活地应付未来可能遇见的各种错综复杂的问题。这与计量经济学的学习有着异曲同工之妙，计量经济虽然比较难学，但是也有其内在的逻辑可循。学生们应该时刻记住，计量经济学并不是数学，它是一门从数据观察入手、寻求正确解读数据信息方法的学科，数学只是一种辅助工具。每一门学科的发展都会随着时间而不断走向精密，或许现在完全不懂经济学的人也可以成为计量领域的大家，但是这并不是学习计量经济学的目的，而更像是一种纯粹的数学游戏。

那么为了更好地满足实际研究所需，还应该补充哪些数学知识？萧政教授认为，除了学院为我们开设的课程之外，学生们应该依据自己的兴趣决定自己要补充学习的内容。正所谓"江山代有才人出，各领风骚数十年"，要有这样的意识，才能不断推动学科进步。在实际研究中，一看数据分析的功底，二看社会经济制度的变换。随着技术的变迁，研究方法也会日新月异。举例来说，由于早期研究面临着数据有限的问题，线性分析方法能够满足实际研究的需要，但是随着 IT 技术的进步，学者的研究重点也随着外在的环境变化而发生改变。任何一门学科之所以能够存在，都是因为其能够满足社会需求，如果我们提出的分析方法不能满足社会需求，那就没有任何意义了。

虽然近年来我国计量经济学得到了较大的发展，但是不论是教学水平还是科研水平都仍与国际水平存在较大的差距。谈到造成这一问题的原因，萧政教授认为，早期受意识形态的影响，我国计量经济学与国际学术研究交流比较受限。他回想起1980年自己第一次到中国大陆的情形，当时计量经济学才开始引入中国，他作为主讲老师之一参加了中国社科院开设的暑期计量经济学讲习班。正如中国有句老话所言"十年树木，百年树人"，很多事情都不是一蹴而就的，学科的发展、人才的培养需要经过时间的不断累积才能蔚为大观。目前，我国的研究主要是跟随美国、西欧的学者，这可能并不是中国经济社会发展所真正需要的。虽然我国目前也有一批顶尖学术研究者，但是在数量上仍然难以与美国、西欧相提并论，这是不容回避的事实。但是萧政教授相信，只要有良好的环境、公开的信息，再加上中国学者的孜孜以求、勤于钻研，那么追赶国际水平也并不是不可能的。

改革开放三十年来，中国取得较高成就的经济学家大多从事的是计量经济学方面的研究，若想在其他领域有所建树，应该具备什么条件呢？面对这个问题，萧政教授认为经济学是社会科学，它与一国的历史、政治环境、人文发展都息息相关。而计量经济学由于使用数学这一国际通用语言，其沟通的障碍相对较小。谈及中国学者的研究能力，萧政教授认为中国学者的研究能力并不比国外学者逊色。中国目前正处在过渡阶段，这一特定的历史阶段可为我国的经济学者提供很多可资研究的现实经济问题。相信经过一段时间的沉淀，我国学者的研究也能够被国际同行所认可。

作为WISE的特聘教授和学术顾问，萧政教授自2005年参与WISE"计量经济学暑期学校"开始以来，至今每年都会到WISE来为学生开设课程。对于想要在学术领域继续深造的WISE学生，他指出，WISE对学生其实有着很高的要求，如果学生能够完全达到WISE的要求，毫无疑问能为自己的继续深造打下坚实的基础。在访谈中，萧政教授提起了一件事，自己曾经审读过WISE一位博士毕业生的论文，其质量一点都不比国际一流大学毕业生的论文逊色。这些都要感谢WISE每一位成员十年来的不断努力，是他们为学生营造了极好的深造求学的环境。

萧教授曾经是国际权威经济学期刊《计量经济学》（*Journal of Econometrics*）的主编。在谈到那段主编经历时，他表示，要办好一个学术期刊，首先一定要找第一流的编辑委员会，找第一流的审稿人，当然，没有第一流的编辑委员会也就请不到第一流的审稿人。此外，在决定稿件发表与否的时候，一定要执行单纯的学术标准。这两点都是办好一个学术期刊必不可少的重要条件。

在过去10年里，萧政教授每年都会来到WISE，与WISE年轻的老师和学生们交流，也在WISE授课。萧教授非常关心同学们的成长，每次做客WISE的Teatime，萧教授总是力求从自己的求学和工作经历中为同学们提出诚恳的建议。他还在厦门大学设立了以其父亲名字命名的"萧铮助学金"，每年支持四位家境贫寒的厦大学子，每人五千元，直至其完成学业。他自己曾经多次提到，希望这项助学行动能继续延续下去。萧教授认为，WISE的年轻老师们都是一些有潜力的学者，一个学者的成长需要很长时间的不断积累，他从他们身上也看出了优秀学者的潜质。WISE的行政人员给萧政教授的印象是非常敬业，每次来访WISE，他都能感受到家庭一般的温暖，对此他感到非常欣赏和欣慰。

当提及今年是WISE成立10周年时，作为WISE十年建设的见证者，萧政教授不禁感慨WISE 10年前还是一张白纸，在洪老师的卓越领导和WISE学者及行政人员的共同努力下，从无到有，能够成为今天的模样，实属不易。WISE与美国、欧洲等大学的合作计划都是这10年来的成果。北京大学、清华大学是目前中国最好的大学，而且坐落在在北京，吸引人才比较容易；厦门大学要吸引优秀的人才，一定要让年轻的优秀学者喜欢这里，为他们创造一个良好的工作和研究环境，让他们觉得在这个环境下可以做研究。WISE在这一点上，下了很多功夫。而对于WISE的将来，萧政教授认为，目前WISE开设的课程与国外顶尖的高校相比一点都不逊色，WISE为大家提供了非常好的平台，所以将来怎么样，就要看你们年轻人的喽！

我们在极其轻松、愉快的气氛中采访萧政教授，他的谦逊、随和与侃侃而谈给我们留下了深刻的印象。在与这位计量经济学大家的交流中，我们如沐春风，深受启迪。

◎章宏 姚伟

WISE，厦大经济学科国际化的开路先锋

——专访厦门大学经济学院原党委书记张兴国

【人物名片】张兴国，1948 年出生于福建长乐。1974 年从厦门大学经济系计统专业毕业，后留校任教，副教授、硕士生导师。曾任教研室副主任，教工支部书记，统计系总支副书记、副主任、系总支书记，经济学院总支书记、党委书记。2008 年退休，现任厦门大学经济学院顾问委员会秘书长。

2005 年，率先揭开厦大经济学科国际化大幕的王亚南经济研究院（WISE）应运而生，打破旧局面，开创新天地。十年春华秋实，这个朝气蓬勃、备受瞩目的学院如今成就斐然，引领厦大走在国际化前沿，并于 2014 年荣获"全国教育系统先进集体"称号。十载光阴流转，时光曾经怎样打磨 WISE，才令她绽放今日的幽香？笔者专访经济学院原党委书记张兴国，聆听智者畅谈历史，品评人物。

厦大经济学科国际化的开路先锋

WISE 刚成立时，境况可谓窘迫，张书记曾于当年夏天在厦门大学的"东山会议"上发言时，将之概括为"无办公地点、无办公设备、无办事人员、无经费、院长本人无工资"。但洪永淼教授是个干事业的人，即使成立时没有挂牌、没有宣传标语、没有鲜花和掌声，他仍义无反顾地担当厦门大学经济学科国际化的开路先锋。

新官上任三把火，洪永淼教授烧的第一把火是推出高密度、高层次、高水平的系列学术讲座。WISE 的历史使命之一是推动厦大经济学科的国际化进程。于是，尚在襁褓之中的 WISE 就与经济学院金融系联袂，由后者出资，共同举办"海外经济学家系列讲座"，于 2005 年 5 月 25 日至 7 月 17 日重磅推出，其目的是促进厦大经济学科的国际化、规范化，特别是对传统经济学科进行改造，提升学术水准，加快与国际接轨。

洪永淼教授烧的第二把火是 2005 年 7 月 18 日至 22 日举办的"计量经济学国际培训班"。这个培训班被誉为继中国计量经济学发展史上具有标志意义的 1980 年颐和园讲习班之后，国内该领域举办的规模最大的高层次培训班。当时，全国各地高校的 600 多名教师和硕、博研究生踊跃报名，经过遴选，共有 230 多名学员参加本次免费培训。授课者有计量经济学领域的一流学者，包括香港科技大学经济学系教授陈松年，克拉克奖得主、麻省理工学院经济学系教授 Jerry Hausman，南加州大学经济学系教授、计量经济学国际权威期刊《计量经济学学报》（ *Journal of Econometrics* ）主编、台湾"中央研究院"院士萧政，台湾"中央研究院"院士管中闵。从某种意义上说，培训班成了 WISE 的成立大会，因为朱崇实校长亲自参加了开幕仪式。次年, WISE 又举办了"计量经济学与金融计量学研究生暑期学校"，这是 2005 年的国际培训班的升级版，当年还受到了教育部的点名表扬。暑期学校的学员们感觉收获匪浅，他们的感激是发自肺腑的，于是便自发筹资 8000 元，买了一面大镜子送给 WISE 作为留念。

第三把火是洪永淼教授亲自挂帅，赴美国波士顿参加一年一度的全美经济学年会并亲自面试，正式面向海外招聘全职教师，此举也拉开了

WISE 人才国际化的帷幕。着手构建一支熟悉现代经济学并具有国际视野和国际竞争力的人才队伍，有针对性地从国内外名校和一流学科引进优秀人才，成为洪院长推动厦大经济学科国际化的着力点。师资团队的国际化是非常关键的一步棋，而洪教授的这步棋走得相当漂亮，可谓占据了战略制高点。

2010 年 10 月，学校任命洪永淼教授为厦大经济学院院长，两院进入了一个实质性大发展、大融合的阶段，整个经济学科在软、硬件上都得到了质的提升，厦大经济学科跻身于国内领先行列，真可谓"十年磨一剑，今日出鞘看"。据 2015 年 3 月 31 中国人民大学发布的《2014 年度"复印报刊资料"转载学术论文指数排名》，在高等院校二级院所分学科学术论文指数排名中，经济学院应用经济学论文指数位列全国第一，理论经济学论文指数位列全国第五。

十年成就 三个关键因素

在评价 WISE 十年的发展时，张书记说："这十年是不平凡的十年，是值得庆贺的十年。"他说，我们必须好好总结经验，分析取得成功的关键所在。在他看来，其中有三个关键因素推动着 WISE 不断发展。

首先，是校党委和校行政的正确决策。作为厦门大学开辟的教育"特区"，WISE 想要率先实现国际化，必须解放思想，转变观念，不能按原有的套路走。而要助其破局，学校层面需要创造条件，对某些政策实行"松绑"。事实上，在整个过程中，厦门大学校党委和校行政都对 WISE 给予了大力支持、关心和帮助。WISE 建院初期，A 座二、三层分别是刚装修后的金融系、财政系的办公场所。为了解决 WISE 的办公场所问题，学校要求经院要从 A 座二、三、四层中划出一半房间给 WISE；还把"985"项目的两千万人民币也划给了 WISE 作为开办经费。学校领导的决定是正确的，当然这也得到经院领导干部、教师和行政人员的理解和支持。

其次，是 WISE 整个团队的凝心聚力。WISE 的全体教职工在学院党政班子的带领下，怀着对校、院的深厚感情，团结一致，开拓进取，锐意创新，为 WISE 的发展贡献了巨大的力量。正所谓"全院同心，其利断金"。

WISE 的老师们有着共同的特质：爱院、敬业、奉献，在科研工作中一丝不苟。张书记动情地说："很多老师周末和节假日都待在工作室里，潜心做学问，有的常常工作到凌晨两三点才离开。他们有时候连吃饭的时间都没有，边吃饭边工作，达到了一种忘我的境界。"他认为，WISE 取得今天的成就，除了学校层面的大力支持和行政班子强有力的领导外，还与拥有一支卓越的师资团队和一支精干的行政技术团队分不开。部分老师还科研、行政双肩挑，为 WISE 的发展尽心尽责，使整个学院的制度建设和行政管理更加科学、规范、有序。

在 WISE 的发展历程中，经济学院党政班子、广大教师和行政人员也予以很多的协同支持。WISE 成立初期，学校赋予 WISE 相对独立的行政、人事和财务权，在教学科研、学术交流、学科建设和人才培养等方面，与经济学院密切配合、相互支持，共同促进厦大经济学的发展。而 WISE 的发展和成熟又对经济学院乃至整个经济学科的发展起到了拉动作用。两院的发展一直交织交融，从最初的相互独立、亲如兄弟到彼此促进、不断融合再到现在的优势互补、共同发展。

再次，得益于一位好的领头人。俗话说"羊群走路看头羊"，什么样的领导，就会带出什么样的队伍。2005 年 9 月 6 日学校下达文件，任命洪永森教授担任 WISE 的首任院长，应该说是不二之选。十年来，WISE 从无到有，从小到大，在国际上确立了良好的学术声誉。对此，洪教授付出了常人难以想象的心血。即使身在美国，他仍时时牵挂国内的教学科研。他是大家公认的"拼命三郎"，每次一下飞机，就立即投入运转，他的日程总是安排得满满的，许多时候甚至以小时计算。

洪教授是一位与时间赛跑的领导。有一次，张书记陪同洪教授到东北高校考察学习，他注意到，洪教授连吃饭时间都在"工作"。除早餐外，洪院长总是充分利用时间，在午餐和晚餐时边吃饭边座谈边了解情况，逐一把工作落实到位，能解决的问题就当场拍板。张书记记得还有一次，那是 2012 年，学院年终在厦大大丰园召开总结大会，洪教授一下飞机就风尘仆仆地赶到那里。对他来说，永远没有什么"倒时差"。诸如此类的情况，简直不胜枚举，他身边的工作人员和老师早已习以为常。为此，他还博得了一个"民间劳模"的称号。

洪教授的亲力亲为，那是出了名的。2011 年经院 EDP 中心开班，他亲自参与招生，第一期招了 101 位学员，开了个好局，被朱崇实校长命名为"101 班"。当年经济学院 EDP 中心开办了 2 个班，洪院长亲自担任班主任，每个细节都亲自过问，亲自落实，这在其他地方是极为罕见的。

然而，人毕竟不是铁打的，洪教授也有出状况的时候。今年 1 月底，他因超负荷运转，睡眠严重不足，火气终于上来了，牙痛得不行。但他就是硬扛，拖了一个月才到医院诊治。医生告诉他，这颗牙齿已错过最佳的治疗时间，除了拔掉没有别的办法了。

领军人物　人才难得

在谈到洪永淼教授时，张书记这样评价："永淼教授是经济学科国际化的领军人物，人才难得，也可以说是一将难求。"张书记用"四有"来形容他：有感情，有智慧，有魄力，有人格魅力。

大家知道，洪永淼教授回国的第一站是清华大学，其后上海交通大学等高校都对他伸出了橄榄枝，但他最终选择了母校厦大，选择了 WISE。他做出这样的选择，这当中自然有知恩图报的因素存在，特别是在他父亲生病住院及善后期间，厦大的领导曾给予很大的关怀和帮助，对此他一直心怀感激，但更重要的是爱国、爱校、爱院的情怀深深地烙印在他的心中。所以，洪永淼教授是带着感情来厦大开创事业的。

担任两院院长后，洪教授的管理智慧得到了充分的发挥。"天才在于勤奋，勤奋才有智慧。洪教授的管理智慧在于把国外的有效经验同国内的实际情况有机地结合起来，闯出一条适合两院发展的新路子。他的管理智慧还体现在有政策水平和领导能力及了解现有高校的管理上，他注重改革的顶层设计、制度建院，注重在机制上下功夫，制定了一个好的机制调动广大中青年老师的积极性。他严于律己、宽以待人，清正廉洁、谦虚谨慎，坚持原则、秉公办事，刚柔相济、赏罚分明。如今，一大批受其影响的中青年老师已经崭露头角，他们中有国务院学科评议组成员、'长江学者'特聘教授、副院长、系主任、《中国经济问题》主编、教育部重点实验室副主任，还有年富力强的教授、副教授。他们既

229

能在国际顶尖学术期刊上发表论文，也能在国内顶尖学术期刊上发表论文；既能拿国家社会科学基金，又能拿国家自然科学基金；而且每年都能在全校教学技能比赛中获得佳绩，成为教学科研的中坚力量。他的管理智慧还体现在他遵循教育规律，理论联系实际，不断提升经济学科的国际化水平上。"张书记如是说。

洪教授不仅能着眼于大局，而且对具体实施方案也有自己的一套思路。他善于走群众路线，贯彻民主集中制原则，真正体现了"从群众中来，到群众中去"。例如，刚被任命为经济学院院长的时候，为了掌握第一手资料，他连续进行了10多场调研，召开教师、研究生、本科生等不同对象、不同层次的小型座谈会，广泛倾听师生们的意见和建议。另外，他还跟个别师生进行谈话，深入了解院情，充分反映民意。在摸清"家底"的基础上，学院密集出台了一系列相关的制度、政策。如果缺乏管理智慧，很难在如此短的时间内把学院的方方面面整饬得严明有序，许多问题也有可能会久延不决。洪教授的管理智慧，还体现在一些"务虚"问题上。例如，2012年经济学院EDP中心先后开办了投资班、房地产班、文化创意班等，各班学员结业后，都要求成立同学会，名称怎么叫好呢？这令大家绞尽脑汁。最后，洪教授以"经济学科同学会"命名，这是一个"大一统"的同学会，它把经济学院和亚南院所有不同时期、不同类型的毕业校友资源全囊括了进去。

洪永森教授也是一位有魄力的领导。最生动的例子就是学院集中办公，包括张书记在内的前几届学院党政班子都不敢推行，生怕一旦实行集中办公，各系、所、中心的积极性会受到影响，从而危及国家重点学科的建设。实践证明，经济学院在获得理论经济学和应用经济学两个一级国家重点学科之后，集中办公的做法是完全正确的。它打破了以往学院各教学单位各自为政的局面，办公资源全院打通，实现共享，资源得到最大限度的利用。而行政人员集中办公，分工更明确，效率也明显提高。仅此两点，就足以说明集中办公的决策多么明智、科学。第二个例子是教师工作室，洪教授主政经济学院后，工作室分配不再论资排辈，而是向最需要的人倾斜，特别是年轻教师。2014年，经济学院和WISE实现了教师1人1间工作室的目标。除了D楼新盖的几十间工作室属于"增量"外，实际上，教师工作室的安置也靠"存量"方面的调剂——主要是通过合理安排行政和技术人员以及辅导员的办公空间而腾出来的。第三个例子是敢抓敢管，敢负责敢担当。譬如抓新学期的学生报到，着实起到了整顿学风的作用。学生迟来报到，总有一万个理由。但学院经过研究后，出台了相关规定，如果没有特殊原因不按时报到，将在全院范围内予以通报批评并取消评奖评优的资格，如果两次被通报，其推免保送资格也将被一并取消。现在学生按时到校、自觉遵守学校规章制度已蔚然成风，形成了一种遵纪习惯。教职工的请假及出差管理制度也差不多同时推出，初步形成了一种靠制度管人、靠制度管事、靠制度律己的管理文化。

至于洪永淼教授的人格魅力，张书记也是称赞有加。在张书记眼里，洪教授是位公私分明的人，先公后私，总是把工作放在第一位。对于学院发生的人和事，不论巨细，他从来不含糊。去年11月黄良文教授逝世，春节前几天，他特地带着两位副院长和学院工会主席去探望、慰问他的遗孀。春节期间，他还到较为资深的学院顾委会成员家里，逐一拜访、慰问。这些时间，都是靠"挤"出来的。学院的老师甚至家属生病住院，他得悉后总是想方设法通过各种方式表达关心和慰问。相反地，对于自己家里的事，他一向安排到最后解决。洪教授的母亲已届70多岁高龄，平时由他的妹妹照顾。老人家有眼疾，双眼已处于半失明状态。虽然眼睛看不清，但听力还好，望子心切的她，只要听到洪教授的声音就很高兴。洪教授每次回来，其实她都知道，不过考虑到他工作实在忙，她也不敢对儿子提出太多的要求，只希望他能抽空常回家看看。然而，回家的路似乎是最为漫长的，每次他总是一拖再拖，直到临回美国前才匆匆忙忙回家一趟。

采访后记

张书记的口述历史里记录着所有WISE教师的正直、努力和智慧。他希望学校党委、行政继续关心、关爱、支持和帮助亚南院，使亚南院越办越好。所有WISE师生当以振兴学院为己任，立足自身，立足当下，做有贡献、敢担当的梦想青年，为WISE的持续发展添光加彩，长江后浪推前浪，一浪更比一浪高。数风流人物，还看今朝！

图书在版编目(CIP)数据

厦门大学王亚南经济研究院成立十周年纪念文集/黄诗娴,张兴祥主编.
—厦门:厦门大学出版社,2015.6
ISBN 978-7-5615-5555-2

Ⅰ.①厦…　Ⅱ.①黄…②张…　Ⅲ.①经济-文集　Ⅳ.①F-53

中国版本图书馆 CIP 数据核字(2015)第 113519 号

官方合作网络销售商:

厦门大学出版社出版发行

(地址:厦门市软件园二期望海路 39 号　邮编:361008)
总 编 办 电 话:0592-2182177　传 真:0592-2181253
营销中心电话:0592-2184458　传 真:0592-2181365
网址:http://www.xmupress.com
邮箱:xmup @ xmupress.com
厦门集大印刷厂印刷
2015 年 6 月第 1 版　2015 年 6 月第 1 次印刷
开本:787×1092　1/16　印张:15.25　插页:2
字数:150 千字　印数:1~1 500 册
定价:**45.00 元**
本书如有印装质量问题请直接寄承印厂调换